Objekttechnologie

Reihenherausgeber

Martin Schader, Mannheim

2. Auflage

T0128172

Springer

Berlin
Heidelberg
New York
Barcelona
Budapest
Hongkong
London
Mailand
Paris
Santa Clara
Singapur
Tokio

Martin Schader · Michael Rundshagen

Objektorientierte Systemanalyse

Eine Einführung

Zweite, neubearbeitete und erweiterte Auflage

Mit 124 Abbildungen

 Springer

Professor Dr. Martin Schader
Universität Mannheim
Lehrstuhl für Wirtschaftsinformatik III
Schloß
D-68131 Mannheim

Dr. Michael Rundshagen
Diebold Deutschland GmbH
Frankfurter Straße 27
D-65760 Eschborn

Die Deutsche Bibliothek - CIP-Einheitsaufnahme

Schader, Martin:
Objektorientierte Systemanalyse : eine Einführung / Martin
Schader ; Michael Rundshagen. - 2., neubearb. und erw. Aufl. -
Berlin ; Heidelberg ; New York ; Barcelona ; Budapest ;
Hongkong ; London ; Mailand ; Paris ; Santa Clara ; Singapur ;
Tokio : Springer, 1996
  (Objekttechnologie)

  ISBN 3-540-60726-9
NE: Rundshagen, Michael:

ISBN 3-540-60726-9 Springer-Verlag Berlin Heidelberg New York

ISBN 3-540-58076-X 1. Auflage Springer-Verlag Berlin Heidelberg New York

SPIN 10528466   42/2202-5 4 3 2 1 0 - Gedruckt auf säurefreiem Papier

Vorwort

Die Vielfalt der in den letzten Jahren feststellbaren Arbeiten und Aktivitäten von einzelnen Forschern, Standardisierungsgremien, unabhängigen Konsortien, Softwareherstellern, Trainingszentren, Tagungsveranstaltern, Autoren, Herausgebern und Verlagen im Bereich der objektorientierten Softwareentwicklung legt den Schluß nahe, daß die Objekttechnologie den Kinderschuhen entwachsen ist und praxisrelevant wird.

Objektorientierte Modelle und Methoden sind mittlerweile nicht nur für alle Phasen und Bereiche der Softwareentwicklung – Analyse, Design, Implementierung, Datenbanken, Benutzeroberflächen, Betriebssysteme, Kommunikation und Vernetzung – verfügbar, sondern sie halten auch Einzug in die praktische Anwendungsentwicklung (vgl. z.B. die ersten Erfahrungsberichte in Harmon und Taylor (1993), Love (1993) oder Paulisch (1994)).

Im Zusammenhang mit der Standardisierung objektorientierter Techniken verweisen wir auf die Arbeiten

- der „Object Management Group" (OMG), die ein Objektmodell, einen „Object Request Broker" zur Realisierung verteilter Objekte und „Common Object Services" zur Unterstützung verschiedener Standardanwendungen definiert hat (OMG (1994,95)),

- der „Object Database Management Group" (ODMG), die, aufbauend auf den OMG-Dokumenten, einen Standard für objektorientierte Datenbanken entwickelt (Cattell (1994b)),

- des „ANSI X3J16 Committee" zur C++-Standardisierung (ANSI (1995)), vi

- des „ANSI X3J20 Committee" zur Smalltalk-Standardisierung und

- des „ANSI X3J4.1 Committee" zur Erweiterung von COBOL um objektorientierte Merkmale.

In diesem Buch befassen wir uns mit den frühen Phasen der Softwareentwicklung und besonders mit der Systemanalyse unter der Verwendung objektorientierter Konzepte. Unter den Entwicklern entsprechender Analysemethoden herrscht eine breite Übereinstimmung, daß hier zumindest die statische und die dynamische Sicht auf das zugrundeliegende Problem dokumentiert werden müssen; über die Bedeutung funktionaler Analysekomponenten wird kontrovers diskutiert. Entsprechend ähnlich sind auch – abgesehen von den unterschiedlichen Notationsvorschlägen – die vorgeschlagenen Modellierungskonzepte: In dieser Entwicklungsphase sind die statisch vorhandenen Klassen und Objekte, ihre Strukturbeziehungen, Objekt- und Nachrichtenverbindungen sowie das dynamische Zusammenwirken von Objekten, das Eintreten von Ereignissen und daraus resultierende Objektveränderungen zu identifizieren und zu beschreiben. Neben den Analysetätigkeiten beschreiben wir noch kurz den Übergang ins Design, der bei Beibehaltung der Objektorientierung auf den erzielten Ergebnissen aufbaut und das Analysemodell (wiederum) durch Klassen und Objekte mit Datenbank-, Interface- oder Task-Management-Aufgaben erweitert.

Über konstruktive Kritik, Fragen oder Anregungen unserer Leserinnen und Leser – an die auf Seite iv angegebene Anschrift oder per E-mail an ooabuch@wifo.uni-mannheim.de – würden wir uns freuen; über E-mail können auch Informationen über das von uns mit Mitarbeitern und Kollegen gemeinsam entwickelte CASE-Tool eingeholt werden.

Wir wollen uns an dieser Stelle bei Herrn Dipl.-Wirtsch.-Inf. Axel Korthaus für seine Unterstützung bei der Anfertigung der Abbildungen und bei Herrn Dr. Werner A. Müller und seinen Mitarbeitern im Springer-Verlag für die stets sehr gute Zusammenarbeit bedanken. Herrn Prof. Eisenecker gilt unser Dank für die kritische Durchsicht des Manuskripts.

Mannheim   Martin Schader, Michael Rundshagen

Inhaltsverzeichnis

Kapitel 1

Einleitung

Die letzten Jahre zeichnen sich im Bereich der Kostenentwicklung für DV-Systeme durch den einerseits anhaltenden Verfall der Hardwarepreise – bei kontinuierlich zunehmender Rechnerleistung – und andererseits durch ständig wachsende Anforderungen an die Software, die zu einem ebenso rapiden Anstieg der Softwareentwicklungskosten geführt haben, aus. Bedingt durch die zunehmende Größe und Komplexität der zu entwickelnden Softwaresysteme vergrößert sich dabei gleichzeitig der Anteil der Softwarewartungskosten (Kosten für Fehlerbeseitigung und Weiterentwicklung) an den Gesamtkosten eines Softwareprojekts. Dabei erweist sich die Beseitigung von Fehlern eines Softwareprodukts als um so aufwendiger, je später diese entdeckt werden. Auf der anderen Seite werden von den Anwendern höhere Softwarequalität und niedrigere Wartungskosten als Prioritäten genannt. Dies sind unter anderem Gründe für eine gerade im Rahmen der objektorientierten Softwareerstellung starke Betonung der Phasen Analyse und Design, die der Implementierung vorausgehen. Nicht zuletzt kann damit die stark wachsende Zahl veröffentlichter Methoden zur Unterstützung von objektorientierter Systemanalyse und objektorientiertem Systemdesign erklärt werden.

Nur ein modellorientiertes, methodisches Vorgehen ähnlich der Vorgehensweise in klassischen Ingenieurdisziplinen ermöglicht ab einer bestimmten Projektgröße den gewünschten Erfolg. Im Zusammenhang mit einer methodisch strukturierten Vorgehensweise bei der Er-

stellung von Softwareprodukten ist seit Ende der sechziger Jahre der
Begriff *Softwareengineering* geprägt worden.

Softwareengineering wird in der Literatur in vielfältiger Weise – oft unterschiedlich – definiert, deshalb soll an dieser Stelle nicht noch eine
weitere Definition erfolgen. Vielmehr wollen wir eine Darstellung der
in nahezu allen Veröffentlichungen gemeinsam enthaltenen Grundlagen versuchen, wie sie in ähnlicher Form auch Sommerville (1992)
angibt.

Softwareengineering befaßt sich mit der *Planung*, dem *Entwurf und* der
Implementierung von Softwaresystemen, die im allgemeinen von Ent-
wicklungsteams und nicht von Einzelpersonen realisiert werden. Im
Rahmen der Durchführung eines Softwareprojekts werden hier Prinzipien aus den Ingenieurdisziplinen verfolgt – d.h. es wird versucht, den
Entwicklungsprozeß zu strukturieren und wiederholbar zu gestalten.
Neben technischen Aspekten wie dem Einsatz von geeigneten Methoden und Werkzeugen sind auch nicht technische wie die Kommunikation mit dem Anwender Bestandteile des Softwareengineerings. Zu
den eingesetzten Methoden zählen neben Softwareentwicklungsmethoden auch Techniken des Projektmanagements, die mit zunehmender Größe eines zu entwickelnden Systems an Bedeutung gewinnen.
Ziele, die durch ein „ingenieurmäßiges" Vorgehen bei der Softwareentwicklung erreicht werden sollen, sind unter anderem:

- Korrektheit und Überprüfbarkeit,

- Robustheit,

- Erweiterbarkeit,

- Wiederverwendbarkeit,

- Effizienz,

- Benutzerfreundlichkeit sowie

- Wartungsfreundlichkeit des entstehenden Softwareprodukts.

(Betriebswirtschaftliche Zielsetzungen, die nicht Gegenstand dieses
Buchs sind, findet man beispielsweise in Page-Jones (1991).)

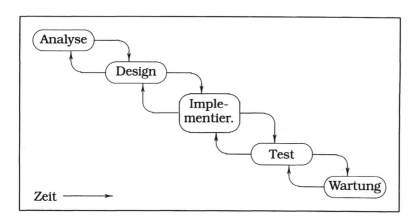

Abbildung 1.1: Wasserfallmodell nach Boehm (1976)

Ein ingenieurwissenschaftlichen Prinzipien folgendes Vorgehen bei der Softwareerstellung war Anlaß, den Prozeß der Systementwicklung in ähnlicher Weise zu strukturieren wie Prozesse in anderen Ingenieurwissenschaften. Dies war die Ausgangsbasis für die Entwicklung von *Phasenmodellen* zur Charakterisierung des Softwarelebenszyklus, bzw. zur Unterstützung des Softwareprojektmanagements.

Zur Beschreibung einer sinnvollen Vorgehensweise bei der industriellen Softwareentwicklung werden in der Literatur zahlreiche Ansätze vorgeschlagen. Die klassische Sichtweise unterteilt den Softwareentwicklungsprozeß in die Phasen Analyse, Design, Implementierung, Test und Wartung. Abbildung 1.1 zeigt die kaskadenartige Struktur des von Boehm (1976) vorgeschlagenen *Wasserfallmodells*, bei dem diese Entwicklungsphasen sequentiell durchlaufen werden. Jede Phase endet mit der Erstellung eines Abschlußdokuments; erst dann kann die nachfolgende Phase beginnen. Die einzelnen Phasen sollen zu vorhergeplanten Zeitpunkten beendet sein. (Über für die einzelnen Phasen geeignete Entwicklungsmethoden wird hier noch keine Aussage gemacht.)

In der frühen Version dieses Ansatzes waren die in Abbildung 1.1 bereits eingezeichneten Rückkopplungen zwischen aufeinanderfolgenden Entwicklungsphasen noch nicht vorgesehen. Da eine streng sequentielle Vorgehensweise der Softwareerstellung in der Praxis jedoch

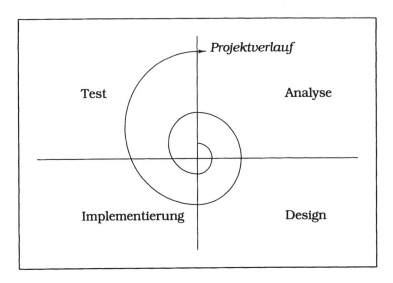

Abbildung 1.2: Spiralmodell nach Boehm (1986)

kaum einzuhalten ist (beispielsweise muß, sofern in der Testphase
Fehler entdeckt werden, zu deren Beseitigung wieder programmiert
werden), sind in den heute üblichen Versionen des Modells – soweit
nötig – Rückschritte in die jeweils vorangegangene Phase zugelassen,
deren Häufigkeit jedoch aus Termin- und Kostengründen möglichst
klein zu halten ist. Die hauptsächliche Kritik am Wasserfallmodell
(beispielsweise in Taylor (1992)) betrifft die strikte Trennung der einzelnen Phasen voneinander und den daraus resultierenden Bedarf an
spezialisiertem Personal für Analyseaufgaben, Designaufgaben usw.,
der zusätzlich noch zentralen Koordinationsaufwand mit sich bringt.

Als eine Weiterentwicklung des Wasserfallmodells wurde 1986 von
Boehm das in Abbildung 1.2 in vereinfachter Form dargestellte *Spiralmodell* vorgeschlagen. Dieses Phasenmodell berücksichtigt explizit
die Notwendigkeit eines iterativen Vorgehens bei der Erstellung von
Softwaresystemen. Im Verlauf des gesamten Lebenszyklus des Systems werden die Phasen mehrere Male – allerdings in fester, vor Pro-
jektbeginn definierter Reihenfolge – durchlaufen. Auch hier sind die
einzelnen Phasen noch genau voneinander getrennt, und ein neuer
Entwicklungsabschnitt kann nur begonnen werden, wenn der vorher-
gehende abgeschlossen wurde.

Im folgenden werden wir die genannten einzelnen Phasen der klassischen Lebenszyklusmodelle kurz skizzieren.

Ziel einer Systemanalyse ist es, ein vollständiges und konsistentes logisches Ist-Modell des für die Softwareentwicklung relevanten Realweltausschnitts zu erstellen. Dabei werden die problemspezifischen Anforderungen an das Produkt festgelegt (Was soll die Software leisten?) und in einer sowohl für den Anwender, als auch für den Systementwickler verständlichen Notation dargestellt. Hier ist ein intensiver Dialog zwischen diesen beiden Gruppen erforderlich: Seitens der späteren Anwender muß festgelegt und erklärt werden, welche Probleme zugrunde liegen, wie sie aktuell bearbeitet werden, wie man sich zukünftige Abläufe vorstellt und welche Leistungsmerkmale dabei wichtig sind. Aus Sicht der Entwickler muß dieser Problembereich zunächst verstanden werden, damit der in den nachfolgenden Entwicklungsphasen erforderliche Übergang von der Realwelt in die entsprechenden Softwarekonstrukte gelingen kann und von möglichst wenigen Mißverständnissen behindert wird. Um den Anwendern ihre jeweils aktuelle Sicht des Problembereichs erfolgreich vermitteln zu können, sollten die Entwickler in dieser Phase Methoden verwenden, die in ihrer Notation unabhängig von der später zur Implementierung verwendeten Programmiersprache sind.

„Klassische" Methoden, die in der Systemanalyse eingesetzt werden, lassen sich in drei Gruppen einteilen. Zum einen in die aus der von Chen (1976) vorgestellten ER-Modellierung (Entity-Relationship-Modellierung) abgeleiteten Methoden, die im wesentlichen semantische Erweiterungen vornehmen (wie zum Beispiel das Semantische Datenmodell nach Hull und King (1987) oder das von Shlaer und Mellor (1988) vorgeschlagene Information Modeling) zum anderen in die hauptsächlich von DeMarco (1979) sowie Gane und Sarson (1979) beeinflußte Strukturierte Analyse (SA). Die dritte Gruppe bilden die mit der Real-Time System Specification (RT) nach Hatley und Pirbhai (1988) verwandten Methoden. Dabei beinhalten die aus dem ER-Modell entstandenen Ansätze Modellierungskonstrukte zur Beschreibung der innerhalb eines abzubildenden Systems benötigten Datenstrukturen. Die zur Strukturierten Analyse zu zählenden Metho-

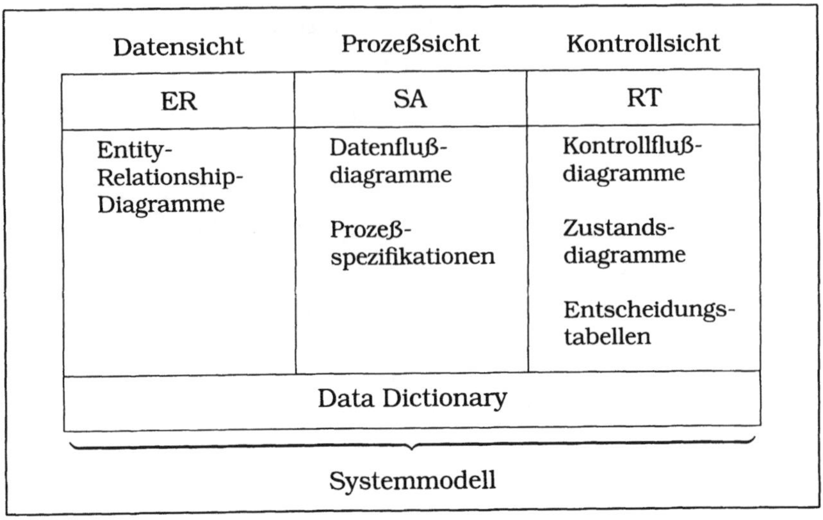

Datensicht	Prozeßsicht	Kontrollsicht
ER	SA	RT
Entity- Relationship- Diagramme	Datenfluß- diagramme Prozeß- spezifikationen	Kontrollfluß- diagramme Zustands- diagramme Entscheidungs- tabellen
Data Dictionary		
Systemmodell		

Abbildung 1.3: Kombination klassischer Methoden der Systemanalyse

den analysieren den Datenfluß durch das System und die von den Systemfunktionen vorgenommenen Datentransformationen. Mit den RT-Methoden werden schließlich Kontrollflüsse modelliert, mit denen die Bedingungen spezifiziert werden, unter denen das System seine Funktionen auswählt und aufruft.

Die Ansätze der oben angesprochenen Gruppen können sich gegenseitig ergänzen, da jede für sich das zu modellierende System aus einer anderen *Sicht* beschreibt. So wird durch die ER-Modellierung die statische Struktur der verwendeten Daten dargestellt, während zum Beispiel die SA die funktionalen Aspekte betont und mittels RT die Systemdynamik erläutert wird. Es ist daher nicht verwunderlich, daß die Konzeption zahlreicher Tools zur Unterstützung der Analysephase einen Verbund dieser Ansätze und ihrer Methoden vorsieht, wie er in Abbildung 1.3 dargestellt ist. Entscheidend für die Integration der verschiedenen Sichten ist hier die Erstellung eines *Data Dictionary*, in dem die Bedeutung der Attribute und Relationen der ER-Diagramme, die Zusammensetzung der Datenpakete aus den Datenflußdiagrammen, die Wertebereiche der Ein- und Ausgaben von Entscheidungstabellen usw. definiert werden. Einen derartigen Methodenverbund, der durch CASE-Tools unterstützt wird, beschreibt Riewerts (1991).

In der *Design*phase wird das im vorhergehenden Entwicklungsschritt erstellte Analysemodell um lösungsspezifische Komponenten erweitert (*Wie* soll das Problem gelöst werden?). Hierbei stehen Fragen im Zusammenhang mit der Benutzerführung, dem Datenhandling, der Taskkoordination, der Verteilung von Systemkomponenten oder der vorgesehenen Hardware und Betriebssysteme im Mittelpunkt. Das Systemdesign kann daher nicht mehr unabhängig von der verwendeten Programmiersprache bzw. Softwareentwicklungsumgebung – insbesondere den verfügbaren Datenbankprodukten, Oberflächendesign-tools, Funktions-, Task- und Klassenbibliotheken usw. – und den entsprechenden Kenntnissen der Entwickler erfolgen.

„Klassiker", die in dieser Phase der Systementwicklung erfolgreich eingesetzt wurden und auch heute noch verwendet werden, sind Methoden wie *Strukturiertes Design* (SD) nach Yourdon und Constantine (1979) oder Page-Jones (1988) sowie *Jackson Structured Development* (JSD) nach Jackson (1983). SD-Methoden greifen in der Regel auf die Ergebnisse der Strukturierten Analyse zurück und modellieren die identifizierten Prozesse mittels funktionaler Zerlegung. JSD ist ebenfalls eine Top-Down-Entwicklungsmethode, bei der zunächst die Datenstrukturen und dann die darauf zugreifenden Programmstrukturen des Systems hierarchisch verfeinert werden.

In der *Implementierungs*phase werden die Ergebnisse der beiden vorangegangenen Phasen in die Konstrukte der jeweiligen Programmier-umgebung umgesetzt. Dies gelingt einfacher, wenn die in der Design-phase eingesetzte Methodik gleiche oder ähnliche Konzepte bereitstellt wie die zur Codierung benutzten Sprachen.

Getestet werden sowohl die einzelnen Programm-Module, als auch die

lation, Profiling, Test auf Speicherlecks und dem Einsatz ähnlicher funktional orientierter Hilfsprogramme ist die Durchführung von Akzeptanztests bei den Anwendern eine wichtige, alle Phasen der Entwicklung begleitende Tätigkeit.

Unter System*wartung* werden schließlich diejenigen Arbeiten an der Software zusammengefaßt, die – verursacht durch geänderte Anwenderwünsche, auftretende Fehler oder externe Einflüsse wie beispiels-

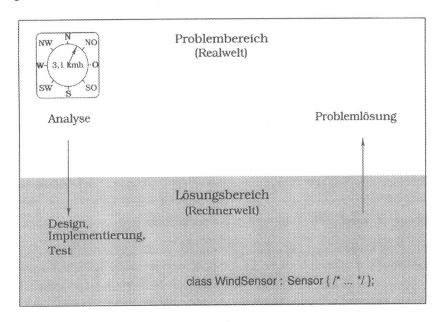

Abbildung 1.4: Übergänge zwischen Problem- und Lösungsbereich

weise die Umstellung von Steuertarifen oder Postleitzahlen– nach Fertigstellung und Inbetriebnahme des Systems notwendig werden.

Die Zusammenhänge zwischen den Phasen Analyse, Design, Implementierung und Test sowie den mit dem Übergang von der Systemanalyse in das Design gleichzeitig verbundenen Übergang aus dem Problembereich in den *Lösungsbereich* soll die Abbildung 1.4 (die sich auf die in Kapitel 7 behandelte Fallstudie bezieht) nochmals grafisch verdeutlichen: Innerhalb des Problembereichs wird eine Beschreibung des Systems und seiner Eigenschaften und Aufgaben unabhängig von möglichen Lösungswegen erarbeitet. Zur besseren Kommunikation mit den späteren Anwendern wird dieses Modell in der Terminologie des Problembereichs erstellt. In den nachfolgenden Phasen wird das System innerhalb des Lösungsbereichs fortentwickelt; hierbei ist die Darstellungsweise eng verbunden mit den zur Lösung eingesetzten Werkzeugen. Mit dem schließlich realisierten Produkt wird dann das ursprüngliche Realweltproblem möglichst vollständig gelöst. Es erfolgt somit ein Übergang vom Lösungsbereich zurück in den Problembereich.

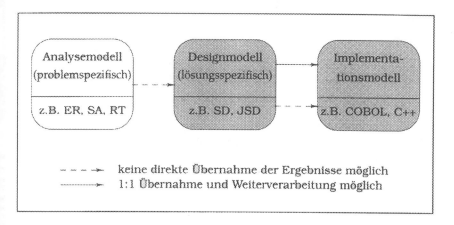

Abbildung 1.5: Phasenergebnisse und -übergänge bei klassischer Vorgehensweise in Anlehnung an Henderson-Sellers und Edwards (1990)

Bei der traditionellen Vorgehensweise der Systementwicklung entsteht während des Übergangs von der Analyse zum Design und oft nochmals beim Eintritt in die Implementierungsphase ein „Bruch" durch die Verwendung unterschiedlicher Abstraktionsmechanismen und Entwicklungsmethoden. Während beispielsweise in der Analyse ER-Diagramme, Datenflußdiagramme oder Entscheidungstabellen benutzt werden, wenden Designer funktionale Zerlegung und Struktur-Charts an. Programmierer implementieren schließlich in der Syntax so unterschiedlicher Sprachen wie COBOL, C++ usw.

Folgen dieser Brüche sind zum einen Informationsverluste und die Gefahr von Mißverständnissen bei Phasenübergängen, zum anderen die Notwendigkeit, eine Fülle unterschiedlichster Notationen und Diagramme für die einzelnen Phasen des Entwicklungsprozesses zu verstehen bzw. zu entwickeln. Diese jeweils phasenspezifischen Entwicklungstechniken und -resultate können nur schlecht automatisiert oder tool-unterstützt ineinander überführt werden – auch wenn es für den problematischsten ersten Phasenübergang eine Reihe von Vorschlägen gibt, wie man Analyseergebnisse als Grundlage eines Designs übernehmen kann (vgl. Yourdon und Constantine (1979) oder Shlaer und Mellor (1988)). Abbildung 1.5 veranschaulicht die eingesetzten Methoden und den Übergang in die nachfolgende Phase des Softwarelebenszyklus bei einer klassischen Vorgehensweise. Der zweite Übergang ist hier problemlos, wenn die Design-„Sprache" und Programmiersprache zueinander passen – also beispielsweise, wenn Struktogramme in Pascal-Code umzusetzen sind. In anderen Fällen – etwa bei Struktur-Charts und ihrer Implementierung in COBOL – ist keine natürliche Weiterverarbeitung möglich.

Der in den letzten Jahren verstärkt propagierte Einsatz objektorientierter Techniken auch in den frühen Phasen der Softwareerstellung eröffnet die Möglichkeit von Phasenübergängen ohne Brüche und Informationsverluste. Durch die Verwendung der gleichen Abstraktionsmechanismen (nämlich der Beschreibung von Klassen, ihrer Objekte und der Beziehungen und Kommunikation zwischen diesen) in allen Phasen des Softwarelebenszyklus entstehen „weiche" Phasenübergänge, weil nicht mehr phasenspezifische Methoden aufeinander abzustimmen sind, sondern vielmehr das in der Analysephase von den Entwicklern gemeinsam mit den Anwendern begonnene Systemmodell in den nachfolgenden Phasen sukzessiv *erweitert* wird.

Beim Design wird dieses Modell durch weitere Klassen und Objekte, beispielsweise durch Menüklassen oder eine Datenbankserver-Klasse, ergänzt. Sofern zur Implementierung dann eine objektorientierte Programmiersprache, z.B. C++, Smalltalk oder Eiffel, eingesetzt wird, können die während der Analyse und im Design spezifizierten Klassen und Objekte direkt in den Programmcode aufgenommen werden. (Für die Implementierungsaufgabe werden zunehmend in Analyse- und Designtools integrierte Codegeneratoren angeboten, deren Qualität unseres Erachtens jedoch noch viele Wünsche offen läßt.)

Mit einer durchgängig objektorientierten Modellierung werden noch weitere wichtige, positive Seiteneffekte erzielt:

- Es ist möglich, ohne die Analysephase „komplett" beendet zu haben, je nach Bedarf Analyse- und Designschritte ohne feste Reihenfolge vorzunehmen; beim Einsatz integrierter CASE-Tools werden die Grenzen zwischen Analyse und Design fließend.

- Die Wartung eines fertigen Systems wird dadurch erleichtert, daß die Analyse- und Designkonstrukte direkt im Programmcode erkennbar sind.

- Längerfristig entsteht eine eigene *Klassenbibliothek* mit Klassen getesteter Funktionalität (von Cox und Novobilski (1991) „Software-ICs" genannt), die die Entwicklung neuer Systeme durch die Wiederverwendung solcher Bibliotheksklassen vereinfacht und beschleunigt und diese Systeme in ihrer Qualität verbessert. Auch *externe*, von anderen Softwareentwicklern für spezielle Anwenderschichten angebotene, Klassenbibliotheken können gegebenenfalls sinnvoll genutzt werden.

Die nachfolgenden Kapitel dieses Buchs behandeln die Grundlagen der objektorientierten Softwareentwicklung (Kapitel 2) sowie die von uns bevorzugte objektorientierte Analysemethode, die eine Synthese aus mehreren objektorientierten Ansätzen zur Systemanalyse darstellt (Kapitel 3). Kurze Darstellungen der neueren Überlegungen zum Aufdecken und Wiederverwenden objektorientierter Entwurfsmuster, der Tätigkeiten beim Übergang von der Analyse ins Design, der Möglichkeiten zur Computerunterstützung mit dem von uns entwickelten Tool sowie eine Fallstudie schließen sich in den Kapiteln 4 bis 7 an.

Kapitel 2

Grundlagen objektorientierter Softwareentwicklung

In der ersten Hälfte dieses Kapitels werden die im allgemeinen mit dem Begriff *Objektorientierung* verbundenen Konzepte vorgestellt. Eine kurze Darstellung von Phasenmodellen zur Beschreibung eines objektorientierten Systementwurfs schließt sich daran an. Im letzten Abschnitt des Kapitels erfolgen eine Abgrenzung der Analysephase von den übrigen Entwicklungsphasen sowie die Formulierung von Anforderungen an eine objektorientierte Methode zur Systemanalyse.

Da wir sowohl die Konzepte zur Objektorientierung als auch die einzelnen Phasen der objektorientierten Softwareerstellung mit Beispielen für die Leser transparenter beschreiben wollen, beginnt dieser Abschnitt mit einer kleinen Fallstudie, auf die wir uns in diesem und in den weiteren Kapiteln noch öfter beziehen werden.

Beispiel 1:

Für die Beschaffungsabteilung einer Universität soll ein Informationssystem entwickelt werden, das die Erfassung und Verwaltung aller Bestellungen unterstützt. Eine typische Bestellung hat die in Abbildung 2.1 gezeigte Gestalt. Bei klassischer Modellierung ausgehend von einer ER-Beschreibung, wird man hier im Design oder während der Implementierung für die benötigten Daten mindestens vier Tabellen (oder Relationen) vorsehen, beispielsweise

```
                                        BESTELLUNG
      Mauser-AG                         Nummer:      31735
      Carlsbader-Str. 93                Datum :  01.08.95

      76297 Stutensee                   Lieferant:      21


      Pos  Nr       Bezeichnung  Menge   Preis  Rabatt      Betrag
      ------------------------------------------------------------
        1  1287MV   ISDN-Karte     2    898,00      30    1.257,20
        2  X3J16    SCSI-Kabel     1    145,00      30      101,50
        .   .           .                  .        .          .


                                      --------------------------
                                      Gesamtbetrag      5.893,40
                                      MwSt                884,01
                                      Rechnungsbetrag   6.777,41
```

Abbildung 2.1: Beispiel einer Bestellung

Tabelle 1: (Bestellungsnummer, Datum, Lieferant), Tabelle 2: (Lieferant, Anschrift, Rabatt), Tabelle 3: (Bestellungsnummer, Positionsnummer, Produktnummer, Menge) und Tabelle 4: (Lieferant, Produktnummer, Produktbezeichnung, Preis). Eine Systemfunktion zum Ermitteln des Rechnungsbetrags, zum Drucken einer Bestellung usw. greift dann in der Regel auf alle oder mehrere dieser Tabellen zu.

Die resultierende enge Kopplung der einzelnen Funktionen über die Daten ist bei einem derartig kleinen System noch unproblematisch, wird jedoch bei Programmen mit mehreren hundert Funktionen als Hauptursache für nicht mehr modifizierbare, unwartbare Systeme angesehen. (Vgl. z.B. Love (1993), Taylor (1992) oder Embley et al. (1992).) Im Gegensatz zu dieser Zerlegung eines Programmsystems in Daten und Funktionen verknüpft die modernere Vorgehensweise, die im folgenden beschrieben wird, jeweils die Daten mit den Funktionen, die sie verarbeiten – innerhalb von Klassen und ihren Objekten.

2.1 Konzepte der Objektorientierung

Konzepte, die im Rahmen der Objektorientierung von Bedeutung sind, werden bis heute in der Literatur noch nicht einheitlich definiert und verwendet. In diesem Abschnitt erfolgt deshalb zunächst eine kurze Zusammenstellung und Definition derjenigen Konzepte, die für die objektorientierte Systemanalyse wichtig sind.

Objekt

Während in der klassischen Datenmodellierung, etwa bei Chen (1976), von „Entitäten" oder Informationsträgern gesprochen wird, ist der zentrale Begriff in der objektorientierten Modellierung das *Objekt*. Mit Objekten beschreiben wir nicht nur physisch existente Dinge – wie beispielsweise Produkte, Lieferanten, Transportmittel, Kunden, Dateien oder Rechnungen in kaufmännischen Anwendungssystemen – sondern auch Vorgänge, Rollen, Prozesse, Beziehungen, Orte, Organisationseinheiten usw., über die Informationen gespeichert und verfügbar gehalten werden müssen und deren dynamisches Verhalten von Interesse ist.

Technisch gesehen sind Objekte Software*einheiten*, in denen – wie in Abbildung 2.2 dargestellt – Funktionen die Objektdaten *einkapseln*. Die Datenelemente innerhalb eines Objekts werden *Attribute* genannt;

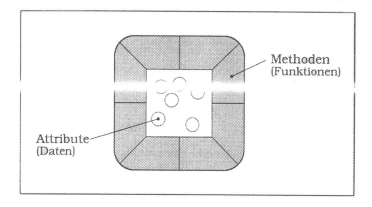

Abbildung 2.2: Der Aufbau eines Objekts

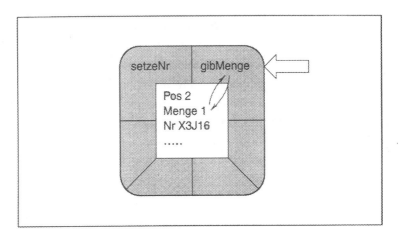

Abbildung 2.3: Der Zugriff auf Attribute

auf sie kann nur über die Funktionen des Objekts zugegriffen werden. Diese Funktionen werden üblicherweise als *Methoden* bezeichnet. Die Gesamtheit aller Methoden eines Objekts, genauer gesagt, die Beschreibung der entsprechenden Funktionsaufrufe (Name der Funktion, Typ der Argumente, Typ des Funktionswerts), bildet die *Schnittstelle* des Objekts zu dessen Umgebung. Nur über diese Schnittstelle können die Attributwerte eines Objekts – und damit sein Zustand – verändert werden. Abbildung 2.3 veranschaulicht für ein Positionsobjekt aus Beispiel 1, wie mit einem Aufruf der Methode gibMenge die bestellte Anzahl an Produkten ermittelt werden kann.

In Beispiel 1 wird man sich zumindest mit „Bestellungs"-, „Lieferanten"-, „Positions"- und „Produkt"-Objekten befassen. Möglicherweise kommen im Verlauf der Analyse weitere Objekte hinzu.

Nachrichten

Die gesamte Funktionalität eines objektorientiert entwickelten Systems – die durch die Kooperation der jeweils existierenden Objekte erzielt werden soll – basiert auf dem *Nachrichtenaustausch* („Message Passing") zwischen den Objekten. Durch Versenden einer Nachricht bewirkt das absendende Objekt (der *Sender*) den Aufruf einer Methode bei dem Objekt, das die Nachricht erhält (dem *Empfänger*). Eine Nachricht ist also die Aufforderung eines Objekts an ein anderes Objekt, eine seiner Methoden – der Methoden des Empfängerobjekts – auszuführen und so seinen Beitrag zu den vom System zu bewältigenden Aufgaben zu leisten.

Eine Nachricht beinhaltet den Namen des Empfängerobjekts, den Namen der auszuführenden Methode und, sofern nötig, eine Liste von Argumenten, die für den Aufruf der Methode wichtig sind. Um in Beispiel 1 den Preis der ISDN-Karte auf 879,– DM zu reduzieren, würde man etwa dem Produktobjekt 1287MV eine Nachricht der Art 1287MV setzePreis(879) senden.

Beim Erhalt einer Nachricht entscheidet das Empfängerobjekt eigenständig, wie es diese Anforderung abwickelt. Hier ist der Sender nicht mehr beteiligt; er hat insbesondere keinen Zugriff auf die Attributwerte des Empfängers. Je nach Problemstellung kann ein Empfängerobjekt den Eingang der Nachricht quittieren oder dem Sender einen Funktionswert (z.B. die für eine Position bestellte Menge) liefern.

Um den Gesamtbetrag einer Bestellung zu ermitteln, sendet ein Bestellungsobjekt aus Beispiel 1 eine Nachricht „gibRabatt" an das entsprechende Lieferantenobjekt und Nachrichten „berechneBetrag" an die zugehörigen Positionsobjekte. Damit diese wiederum den jeweils aktuellen Produktpreis erfahren, senden sie ihrerseits Nachrichten „gibPreis" an die betroffenen Produktobjekte.

In Abbildung 2.4 ist diese Art der Kommunikation zwischen Objekten für das Beispiel 1 schematisch dargestellt. Wir sind hier der Konvention gefolgt, Nachrichten durch die Methode, die sie aufrufen, zu kennzeichnen.

In Abhängigkeit von der verfügbaren Softwareentwicklungsumgebung können Nachrichten *synchron* verarbeitet werden – in diesem Fall wartet der Sender, bis der Empfänger den betreffenden Methodenaufruf beendet hat. Aber auch *asynchrone* Kommunikation, bei der die Senderobjekte nicht bis zur vollständigen Behandlung ihrer Anforderungen pausieren, ist möglich, sofern die parallele Bearbeitung von Funktionsaufrufen unterstützt wird.

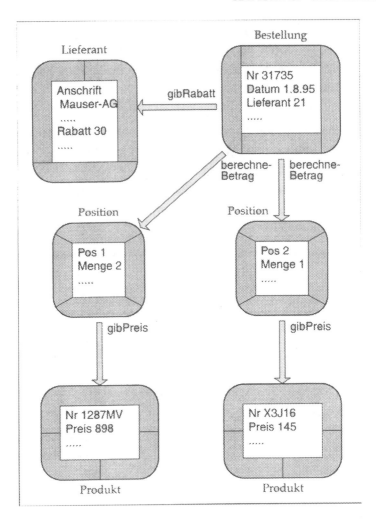

Abbildung 2.4: Kommunikation zwischen Objekten

Klassen

Objekte, die sich durch gleiche Eigenschaften und gleiches Verhalten auszeichnen (wie etwa die Produktobjekte aus Beispiel 1), werden in *Klassen* zusammengefaßt. Klassen beschreiben, über welche Attribute ihre Objekte verfügen und welche Methoden auf ihre Objekte anwendbar sind; sie sind Schablonen, nach denen diese Objekte erzeugt werden. Eine Klasse enthält selbst keine Attribute, sie stellt

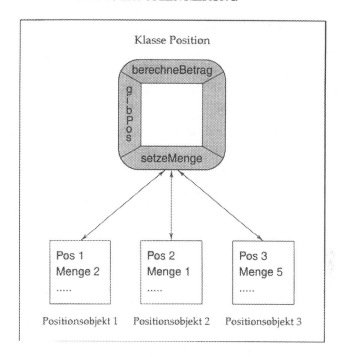

Abbildung 2.5: *Eine Klasse und drei Objekte*

lediglich eine Spezifikation der Attribute ihrer Objekte zusammen und legt die Methoden zur Manipulation der Objektdaten *einmal* an.

Ein wichtiger Grund für die Einführung des Klassenkonzepts ist, daß so die in den Abbildungen 2.2–2.4 erkennbare Codeduplizierung und Speicherplatzverschwendung aufgrund *eines* vollständigen Satzes an Methoden pro erzeugtem Objekt vermieden wird. Die oben erwähnte Schnittstelle wird deshalb auch *Klassen*schnittstelle genannt (obwohl über sie auf Objektdaten zugegriffen wird). Abbildung 2.5 stellt den mit einer objektorientierten Programmiersprache tatsächlich realisierten Sachverhalt am Beispiel der Positionsobjekte präziser dar.

So wie mit den Schlüsselwörtern int, integer, double, real usw. in Programmiersprachen verschiedene Datentypen mit ihren Wertebereichen und den auf diese Werte anwendbaren Operationen vordefiniert (in die Sprache eingebaut) sind, ist eine Klasse ein *Objekttyp*. Solche Typen können von den Systementwicklern speziell angepaßt an die Aufgaben, die die Objekte verrichten sollen, definiert werden, sofern man

sie nicht bereits in einer Klassenbibliothek findet. In Analogie zu den
Werten vordefinierter Datentypen wird in zahlreichen Veröffentlichungen statt von Objekten, von den *Instanzen* einer Klasse gesprochen,
und vielfach werden auch beide Ausdrücke synonym verwendet. Wir
werden in Zukunft nur noch von Objekten sprechen.

Es soll hier nochmals wiederholt werden, daß Klassen (statische) Typen sind, während es sich bei den Objekten um zur Laufzeit eines Programms existierende Attributwertkombinationen handelt. Eine Klasse tritt zur Laufzeit nur in Form des (unveränderlichen) Codes ihrer
Methoden in Erscheinung. Objekte werden (dynamisch) erzeugt und
wieder gelöscht. Sie können ihre Attributwerte ändern aber nicht ihren Typ; es ist also ausgeschlossen, daß sie nach ihrer Erzeugung die
Klasse wechseln.

Bemerkung

In verschiedenen objektorientierten Programmiersprachen (z.B. C++,
Eiffel, Smalltalk) können auch Klassen selbst Variablen enthalten, die
dann für alle Objekte der Klasse denselben Wert haben. Hierbei handelt es sich jedoch um eine rein softwaretechnische Manipulation, mit
der globale Variablen einen anderen Geltungsbereich erhalten. Für
das Verständnis objektorientierter Konzepte ist dies unwesentlich.

Vererbung

Ein weiteres für die objektorientierte Modellierung grundlegendes Konzept ist die *Ableitung* speziellerer Klassen von bereits selbst definierten
oder einer Klassenbibliothek entnommenen Klassen. Dies bedeutet,
daß nicht jede in einem Projekt benötigte Klasse neu definiert werden muß, sondern daß man vorhandene, getestete Klassen als Basis verwendet und um weitere Attribute und Methoden ergänzt. Es
entsteht so eine neue, speziellere Klasse mit erweiterter Funktionalität. Gebräuchliche Bezeichnungen für allgemeinere Klassen sind
Basisklasse, Superklasse oder *Generalisierung*. Speziellere Klassen
werden als *abgeleitete* Klasse, *Subklasse* oder *Spezialisierung* bezeichnet. (Die Superklasse/Subklasse-Notation ist unseres Erachtens ir-
reführend, da die Subklasse über die erweiterte Klassenschnittstelle

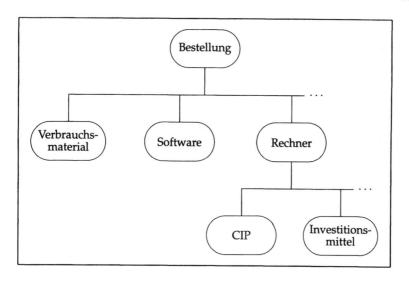

Abbildung 2.6: Ausschnitt aus einer Klassenhierarchie

verfügt.) Die für die erzeugten Klassenobjekte entstehende Beziehung entspricht der aus den semantischen Erweiterungen des ER-Ansatzes bekannten „IS-A"-Beziehung. Jedes Objekt einer abgeleiteten Klasse ist gleichzeitig Objekt seiner Basisklasse; es *erbt* alle Attribute und Methoden der Basisklasse.

Abbildung 2.6 zeigt anhand von Beispiel 1, wie auf diese Weise eine *Klassen-* oder *Vererbungshierarchie* entsteht. Eine Software-Bestellung erbt die Attribute Nummer, Datum, Lieferant usw., und es kommt beispielsweise ein neues Attribut AnzVorhLizenzen hinzu. Bei einer Rechnerbestellung kann ein zusätzliches Attribut ZustimmungDVAusschuß (mit dem entsprechenden Datum als Wert) erforderlich sein, und bei einer Rechnerbestellung nach dem Computer-Investitions-Programm CIP ist ein weiteres Attribut CIP-Richtlinlengeprüft vorstellbar. Auch alle Methoden der Basisklasse, z.B. berechneGesamtbetrag, sind für die Objekte abgeleiteter Klassen aufrufbar.

Vererbung vermeidet somit Redundanz, da alle Attribute und Methoden einer Basisklasse in den abgeleiteten Klassen ohne Codeduplizierung zur Verfügung stehen. Und weil sich die Änderung einer Basisklassenmethode sofort in allen abgeleiteten Klassen auswirkt, sind objektorientierte Systeme sicherer und leichter zu verändern.

Sofern es nötig ist, kann eine aus einer Basisklasse geerbte Methode in einer abgeleiteten Klasse auch *redefiniert* oder *überschrieben* werden. Erhält ein Objekt der abgeleiteten Klasse dann eine entsprechende Nachricht, wird nicht mehr die Basisklassenmethode, sondern die spezielle überschreibende Methode aufgerufen.

In Beispiel 1 ist es sinnvoll, die Methode „berechneGesamtbetrag" für die CIP-Klasse mit einer Funktion zu überschreiben, die neben der reinen Betragsermittlung auch noch die Aufteilung der Gesamtsumme in die Finanzierung durch Bund, Land und Universität ermittelt. Diese überschreibende Funktion trägt ebenfalls den Namen „berechneGesamtbetrag".

Vererbungshierarchien können auch dadurch entstehen, daß man, falls mehrere verwandte Klassen mit ähnlichen Eigenschaften und ähnlichem Objektverhalten vorliegen, für diese eine Basisklasse einführt. Die Komplexität des Modells kann damit reduziert werden, weil Attribute und Methoden, die von abgeleiteten Klassen gemeinsam benutzt werden, nur einmal in das Modell aufgenommen werden müssen. Überlegungen in diese Richtung müssen jedoch frühzeitig (in der Analysephase) vorgenommen werden, da das nachträgliche Verlagern von Attributen oder Methoden aus den existierenden Klassen in die neu gebildete Basisklasse sehr leicht zu Fehlern in der Implementation führt.

Für Beispiel 1 kann es sinnvoll sein, bei einer Erweiterung des Systemmodells um Klassen „Lieferung", „Inventarisierung" usw., eine gemeinsame Basisklasse „Vorgang" für Bestellungen, Lieferungen oder Inventarisierungen zu definieren, die dann unter anderem eine Methode enthält, mit der der aktuelle Stand eines Vorgangs angezeigt und überwacht wird.

Eine Basisklasse, mit der selbst keine Objekte erzeugt werden können, sondern für die Objekte erst in den abgeleiteten Klassen auftreten, ist eine *abstrakte* Basisklasse. Die gerade diskutierte Klasse Vorgang ist abstrakt, wenn es im zu erstellenden System keine unspezifizierten Vorgänge, sondern nur Bestell- oder Liefervorgänge usw. geben soll. Auch wenn es keine reinen Vorgangsobjekte gibt, ist es wichtig, diese Klasse aus den oben genannten Gründen (Vermeidung von Redundanz, Reduktion der Komplexität) in das Modell aufzunehmen.

Polymorphismus

In objektorientierten Systemen ist es möglich, durch das Versenden derselben Nachricht an Objekte verschiedenen Typs den Aufruf verschiedener Methoden (jeweils gleichen Namens) zu bewirken. Voraussetzung ist lediglich, daß sich die Klassen dieser Objekte in derselben Klassenhierarchie befinden. Das Empfängerobjekt ruft dann „seine" Methode auf; es kann sich hierbei um eine redefinierte Methode oder um die aus einer Basisklasse geerbte Methode handeln. Die Aufforderung, den Gesamtbetrag einer Bestellung zu ermitteln, kann so mit demselben Namen berechneGesamtbetrag an Objekte der Verbrauchsmaterial-, Software- CIP- oder Investitionsmittelklasse gesendet werden, und es wird beispielsweise in den ersten beiden Fällen dieselbe Funktion aus der Basisklasse Bestellung, in den beiden letzten Fällen dagegen je eine überschreibende Funktion ausgeführt.

Diese als *Polymorphismus* bezeichnete Eigenschaft ist besonders interessant, wenn an Kollektionen (Listen, Mengen, Bäume o.ä.) von Objekten unterschiedlicher Typen aber eines gemeinsamen Basistyps dieselbe Nachricht versandt und dennoch jeweils die richtige Methode ausgeführt werden soll. Die Möglichkeit, die Objekte mit einem Typattribut zu versehen und in die Funktionscodes switch- oder case-Anweisungen aufzunehmen, die den aktuell vorliegenden Objekttyp feststellen, kann wegen ihrer Fehleranfälligkeit bei Änderungen kaum als echte Alternative betrachtet werden.

Man kann hier nochmals gut den wesentlichen Unterschied von Objekten zu den Komponenten eines klassisch entwickelten Systems sehen: Während im klassischen Fall eine zentral steuernde „Hauptfunktion" vorhanden ist, tragen nun allein die Objekte die Verantwortung für die korrekte gemeinsame Ausführung ihrer Aufgaben.

Objektidentität

Jedes Objekt hat eine eindeutige *Identität*, die verschieden und unabhängig von allen seinen Attributen ist. Während sich die Kombination der Attributwerte eines Objekts, die den Zustand des Objekts definiert, im Zeitablauf ändern kann, bleibt die Objektidentität konstant. Verschiedene Objekte können in bestimmten Zeitintervallen aber durchaus in allen Attributwerten übereinstimmen. In Beispiel 1 etwa können zwei Bestellungen Positionen enthalten, bei denen in Positionsnummer, Menge usw. dieselben Werte eingetragen sind.

Objektidentitäten werden benötigt, um Beziehungen zwischen Objekten zu modellieren, um Objekte, die auf verschiedenen Rechnern existieren, zu identifizieren oder um Objekte, die in einer Datenbank gespeichert sind, zu verwalten. Wie die Objektidentitäten erzeugt werden, ist eine Designfrage; im einfachsten Fall wird dies von einem „Request Broker", der Objekte netzwerkweit verteilt oder von einem objektorientierten Datenbank-Managementsystem geregelt. Für die Analysephase genügt es, zu wissen, daß man Objekte, nachdem sie einmal erzeugt wurden, eindeutig ansprechen kann.

Beziehungen

Ähnlich wie im ER-Ansatz Relationen zwischen Entitäten modelliert werden können, sind bei objektorientierter Vorgehensweise Beziehungen zwischen Objekten einer oder verschiedener Klassen darstellbar. Objektbeziehungen werden durch Verweise auf die Identitäten der beteiligten Objekte (Zeiger oder Referenzen) realisiert.

In unserem Beispiel 1 bestehen unter anderem Beziehungen zwischen Bestellungen und Lieferanten. Zu einer Bestellung gehört genau ein Lieferant. Eine Lieferant kann keine, eine oder mehrere Bestellungen erhalten.

Aggregation

Die Datentypen der Attribute eines Objekts sind nicht auf vordefinierte Typen beschränkt; Objekte können auch andere Objekte enthalten und werden dann als *aggregierte* Objekte bezeichnet. Anstelle von Aggregation wird auch der Begriff *Layering* verwendet; man spricht dann von *gelayerten* Objekten. Die der Aggregation zugrundeliegende Struktur wird als *Gesamtheit-Teil*-Struktur oder als *Whole-Part*-Struktur bezeichnet.

Die Bestellungsobjekte aus Beispiel 1 enthalten neben Name, Datum usw. auch eine Liste oder ein Feld von Positionsobjekten. Jede Bestellung besteht aus einer Anzahl von Positionen.

Multiple Vererbung

Besitzt eine abgeleitete Klasse mehr als eine „direkte" Basisklasse, so spricht man von *multipler* Vererbung oder Mehrfachvererbung. In diesem Fall erbt die abgeleitete Klasse die Attribute und Methoden aller Basisklassen. Die eventuell durch Verwendung gleicher Attribut- oder Methodennamen in den Basisklassen auftretenden Konflikte müssen dann bei Design oder Implementierung geeignet gelöst werden – z.B. durch Überschreiben.

Im Fall multipler Vererbung sind Basisklassen und abgeleitete Klassen nicht mehr hierarchisch angeordnet, sondern bilden ein Netzwerk, wie es in Abbildung 2.7 für die Produktpalette eines Lieferanten ausschnittsweise angedeutet ist. Auch hier ist es üblich, Basisklassen oberhalb der abgeleiteten Klassen einzuzeichnen, so daß keine Ableitungsrichtungen dargestellt werden müssen.

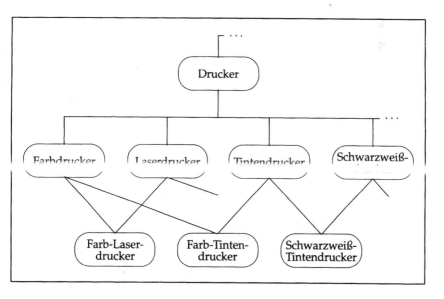

Abbildung 2.7: Klassen mit multipler Vererbung

Abstraktion, abstrakter Datentyp

Unter *Abstraktion* wird die Beschreibung ähnlicher Objekte des Problembereichs bei Reduktion auf die für sie charakteristischen Eigenschaften oder Verhaltensweisen bzw. unter Auslassung unwichtiger Details verstanden. Das Ergebnis einer Abstraktion ist ein bezüglich seiner Datenstruktur und Funktionalität vollständig definierter *abstrakter* Datentyp, der wie ein vordefinierter Typ benutzt werden kann. Im Rahmen der Objektorientierung werden abstrakte Datentypen als Klassen und ihre Instanzen als Objekte bezeichnet.

Information Hiding

Im Normalfall wird auf Objekte nur über ihre nach außen sichtbare, genau festgelegte „öffentliche" Klassenschnittstelle zugegriffen. D.h. das Lesen von Objektdaten oder das Verändern von Objektzuständen wird nur mittels Nachrichtenversand und den entsprechenden Methodenaufrufen initiiert. Welche Daten in den Objekten gekapselt sind und wie die Methoden implementiert sind, bleibt vor dem Benutzer einer Klasse verborgen. Dieses Verbergen von Informationen bezeichnet man als Anwendung des *Geheimnisprinzips* („Information Hiding"). Bei seiner Beachtung können der interne Aufbau von Objekten oder die konkrete Realisierung von Methoden verändert werden, ohne daß dies Auswirkungen auf andere Systemkomponenten hat.

2.2 Objektorientierte Softwarelebenszyklen

Um die in der Einleitung besprochenen Schwachstellen klassischer Modelle und Methoden bei der Beschreibung und Entwicklung der Lebenszyklen von Softwaresystemen zu beheben, wurden seit Ende der achtziger Jahre neue Ansätze für die durchgängig objektorientierte Realisierung von Systemen vorgeschlagen. Wir bezeichnen diese kurz mit *objektorientierte Softwarelebenszyklus*-Modelle.

Während objektorientierte Techniken mit der zunehmenden Verbreitung objektorientierter Programmiersprachen zunächst in der Implementierungsphase eingesetzt wurden und „hybride" Entwicklungsverfahren – beispielsweise strukturierte Analyse, strukturiertes Design, Implementierung in C++ – untersucht wurden (vgl. z.B. Henderson-Sellers (1992)), hat sich das Interesse nun zunehmend auch den frühen Phasen Analyse und Design zugewandt. Die drei grundlegenden Phasen der Analyse, des Designs und der Implementierung existieren auch in einem objektorientierten Softwarelebenszyklus noch; dadurch, daß nun ein einziges Modell (mit Klassen und Objekten) Grundlage für den gesamten Lebenszyklus ist, werden aber Brüche zwischen den einzelnen Phasen vermieden und ein stark iteratives, inkrementell in kleinen Schritten vorgehendes Entwickeln wird möglich, für das ein hoher Anteil an Überschneidungen einzelner Modellphasen charakteristisch ist.

Mit dem Ersetzen einer starken Steuerungskomponente (resultierend aus Top-Down-Entwicklungstechniken bzw. funktionaler Zerlegung) durch eigenverantwortliche, wegen ihrer Kapselung nur „lose" gekoppelte Objekte können jetzt auch Systemmodule (die aus zusammenwirkenden Klassen bestehen) und deren Lebenszyklen explizit berücksichtigt werden. Auch die Wiederverwendung solcher Bausteine ist geeignet modellierbar (vgl. Rundshagen (1993)).

Die bekanntesten objektorientierten Lebenszyklusmodelle sind das *Cluster-Modell* und das *Fontänenmodell*, die wir an dieser Stelle kurz beschreiben werden.

Das 1989 von Meyer vorgestellte Cluster-Modell geht bei der Beschreibung des Lebenszyklus nicht vom Gesamtsystem aus, sondern betrachtet einzelne Klassen oder Gruppen logisch zusammenhängender Klassen, die sogenannten Cluster. Abbildung 2.8 zeigt, wie sich die einzelnen Lebenszyklen der Cluster zeitlich überlappen oder gegenseitig beeinflussen können. Bei der Beschreibung der Cluster-Lebenszyklen orientiert sich Meyer am klassischen Wasserfallmodell, wobei jedoch anders als bei Boehms Ansatz nur drei Phasen unterschieden werden. In der *SPEC*-Phase wird die Spezifikation der Aufgaben der Objekte eines Clusters vorgenommen; die Phasen Design und Implementierung sind in der *DESIMPL*-Phase zusammengefaßt, um den fließenden Übergang zwischen diesen Phasen zu betonen. In der

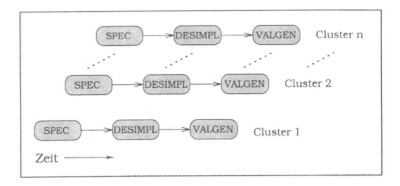

Abbildung 2.8: Cluster-Modell nach Meyer (1989)

abschließenden *VALGEN*-Phase (validation and generalization) werden die Cluster getestet und in Vorbereitung auf ihre zukünftige Wiederverwendung generalisiert.

Als Reihenfolge für die Entwicklung der Cluster schlägt Meyer vor, mit allgemeinen Clustern, die Grundfunktionalitäten bereitstellen und möglicherweise schon in einer Klassenbibliothek enthalten sind, zu beginnen. Danach sollte Bottom-Up bis hin zu den anwendungsspezifischen Clustern weiterentwickelt werden. Jedes (spezielle) Cluster kann von einem allgemeineren Cluster als *Client* abhängen und dieses in der *DESIMPL*-Phase für seine eigene Implementation verwenden.

Ein weiteres Modell, das speziell zur Darstellung eines objektorientierten Softwarelebenszyklus entwickelt wurde, ist das 1990 von Henderson-Sellers und Edwards vorgestellte Fontänenmodell. Es ist auf der linken Seite von Abbildung 2.9 wiedergegeben. Der Ansatz enthält die gleichen Phasen der Systementwicklung wie das klassische Wasserfallmodell, jedoch werden diese Phasen hier nicht mehr sequentiell jeweils einmal durchlaufen, sondern es sind Überschneidungen sowie Iterationen – in denen beliebig weit zurückliegende Phasen wiederholt werden können – berücksichtigt. Fließende Phasenübergänge werden durch mehrfache Überlagerungen angedeutet. Und Phasen, die erst begonnen werden können, wenn eine vorangehende Phase vollständig beendet ist, sind durch disjunkte Kreise symbolisiert. Beispielsweise setzt der Einsatz eines Programms den erfolgreich abgeschlossenen Systemtest voraus.

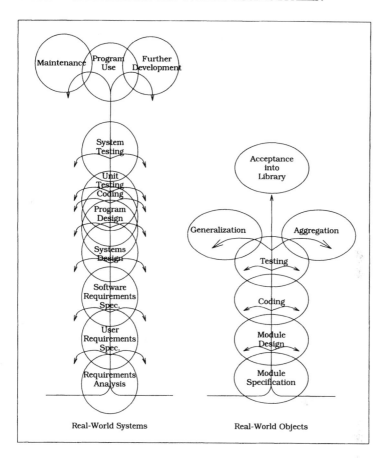

Abbildung 2.9: Fontänenmodell nach Henderson-Sellers und Edwards (1990)

Die Ergebnisse jeder Phase werden nicht „eingefroren", sondern immer wieder auf Vollständigkeit und Korrektheit überprüft und bei auftretenden Mängeln in einem weiteren Iterationsschritt neu erstellt oder geändert. Mit dem Fontänenmodell lassen sich sowohl traditionelle als auch objektorientierte Konzepte der Systementwicklung realisieren. Einer der Vorteile objektorientierter Softwareentwicklung ist die Unterstützung des Entwurfs wiederverwendbarer Softwarebausteine. Der Lebenszyklus dieser Klassen oder Cluster ist teilweise anders strukturiert als der des Gesamtsystems: Henderson-Sellers und Edwards (1990) schlagen das auf der rechten Seite von Abbildung 2.9

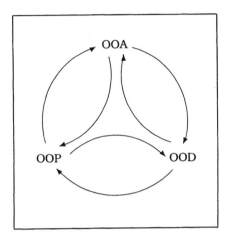

Abbildung 2.10: Baseballmodell nach Coad und Nicola (1993)

dargestellte Modell vor. Auch hier wird die Entwicklung wieder fon-
tänenartig beschrieben. Analyse und Design beschränken sich jedoch
auf einen Ausschnitt des Systems, und die letzten Phasen bestehen in
der Überarbeitung der entworfenen Klassen zur zukünftigen Wiederverwendung und der Vorbereitung ihrer Aufnahme in eine Klassenbi-
bibliothek. Die einzelnen Phasen weisen somit eine starke Ähnlichkeit
zum Cluster-Modell auf.

Als neuestes Konzept zur Softwareerstellung wird von Booch (1994),
Berard (1993) oder Coad und Nicola (1993) eine Vorgehensweise bezeichnet, die durch „*Analyse a little, design a little, implement a little
and test a little ... repeat*" charakterisiert werden kann. Dieses in-
krementelle und teilweise parallele Iterieren durch Analyse- (OOA),
Design- (OOD) und Implementierungsabschnitte (OOP) ist in Abbildung 2.10 dargestellt. Hauptmerkmal beim Vorgehen nach dem *Baseballmodell* ist eine schnelle, innovative Codeerzeugung, die rasch erste
greifbare (wenn auch nur partielle) Resultate erbringt und die Diskussion mit den Systemanwendern auf eine konkretere Basis stellt. Nach
den Vorschlägen von Coad und Nicola (1993) werden zunächst die einfachsten vor den komplexeren Klassen entwickelt. Weiterhin sollten
nach Möglichkeit diejenigen Komponenten als erste realisiert werden,
die den Anwendern am wichtigsten erscheinen. Eine frühe Erstellung
von Teilen der Benutzerschnittstelle soll es ermöglichen, die Akzeptanz

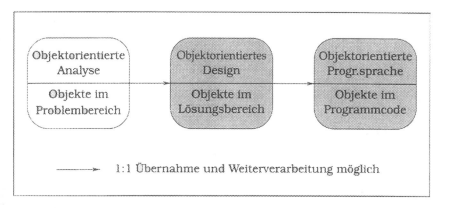

Abbildung 2.11: Phasenergebnisse und -übergänge bei objektorientierter Vorgehensweise

des Systems schon frühzeitig zu testen und Änderungsvorschläge der späteren Benutzer zu berücksichtigen. Trotz einer Vorgehensweise, in der Analyse, Design und Programmierung nahezu parallel ablaufen, darf der frühe Beginn der konkreten Implementierung sehr einfacher Prototypen jedoch nicht dazu führen, daß man Daten bzw. Funktionen, die für Benutzerschnittstelle, Daten-, Task- oder Netzwerkmanagement benötigt werden, in Problembereichsklassen aufnimmt. Hier ist auf eine erweiterbare Systemarchitektur zu achten – auch wenn die dafür erforderliche Trennung der Objektverantwortlichkeiten zunächst bedeutet, daß eine erste Schnittstellenklasse beispielsweise nur ein einziges Attribut und lediglich eine Methode enthält.

Abbildung 2.11 zeigt, wie bei rein objektorientierter Entwicklung nur ein Modell erzeugt wird, das in jeder Entwicklungsphase um die phasenspezifischen Anteile erweitert wird, wobei während des gesamten Entwicklungsprozesses dieselben Modellierungskonstrukte verwendet werden. So erweitern Coad und Yourdon (1991b) das in der Systemanalyse entworfene Modell des Problembereichs – die „Problembereichskomponente" – in der Designphase um drei weitere Komponenten, mit denen unter Berücksichtigung der zur Realisierung verfügbaren Werkzeuge Benutzerschnittstelle, Datenmanagement und (sofern erforderlich) Taskmanagement entworfen werden. Eine Ausnahme bildet die Vorgehensweise von Shlaer et al. (1988, 1991, 1992). Ob-

wohl in der Analysephase von Objekten gesprochen wird, handelt es
sich hier um den Einsatz strukturierter Techniken, bei denen „Objekte" lediglich aus Datenfeldern bestehen. Die für die objektorientierte
Vorgehensweise typische Eigenschaft, daß die Ergebnisse einzelner
Phasen ohne Informationsverlust und Methodenwechsel in nachfolgende Phasen übernommen werden können, ist jedoch Grundvoraussetzung für einen automatisierten Phasenübergang und eröffnet erst
die Möglichkeit der sinnvollen Unterstützung des gesamten Entwicklungsprozesses durch CASE-Tools.

2.3   Die Problemspezifikation als Vorstufe

Vor Beginn des eigentlichen Analyseprozesses – mit der Suche nach
Objekten im Problembereich – ist es sinnvoll, die mit der Systementwicklung verfolgten Zielsetzungen klar zu definieren. Diese Definition
wird mittels einer *Problemspezifikation* dokumentiert, die aus einer
Kurzbeschreibung

- der von dem System zu erfüllenden Aufgaben,

- der wichtigsten gewünschten Systemeigenschaften,

- der wesentlichen Komponenten des Systems und

- seines Umfelds

besteht. Um die Spezifikation der Systemanforderungen ausreichend
vollständig zu charakterisieren, so daß während der nachfolgenden
Entwicklungsschritte keine weiteren Annahmen nötig werden, müssen
die späteren Anwender bei diesen grundlegenden Vorüberlegungen
mitwirken.

Bei der Identifikation der benötigten Systemeigenschaften ist es sinnvoll, zu überlegen, welche Fähigkeiten das System in bezug auf die Erfassung und Speicherung relevanter Informationen, die Verarbeitung
und Analyse dieser Informationen sowie die Zusammenarbeit mit anderen Systemen aufweisen soll. Weitere Hinweise zur Untersuchung
und Charakterisierung von Systemeigenschaften findet man in Coad

et al. (1995). Die Gestalt derartiger Anforderungsspezifikationen wird
von Problem zu Problem variieren; für Beispiel 1 notieren wir:

Das System soll die Angestellten der Beschaffungsabteilung bei der Abwicklung aller Bestellungen unterstützen. Es soll die geeignetsten Lieferanten kennen. Es soll jederzeit den aktuellen Stand von Bestellungen/Aufträgen anzeigen.

Zu speichern sind Informationen über Lieferanten und ihre Lieferbedingungen, Produkte und ihre Preise, Bestellungen und ihren Status.

Das Ausfertigen der Bestellungen, die Berechnung von Rabatten, Beträgen, Mehrwertsteuer und Gesamtbetrag ist vom geplanten System zu übernehmen. Ebenso ist der Eingang von Auftragsbestätigungen, Lieferscheinen und Rechnungen zu verfolgen.

Das System soll die erhaltenen Rechnungen an ein „Haushaltsüberwachungs"-System weiterleiten, das sich mit den entsprechenden Buchungen befaßt.

Eine sehr viel detailliertere Schablone, nach der die erste Problemspezifikation angefertigt werden kann, ist die in Lorenz (1993) angegebene „Requirements Specification Outline". Unseres Erachtens ist jedoch darauf zu achten, daß man hier nicht versucht, Details festzulegen, die ein Verständnis des Problembereichs voraussetzen, das zu Beginn der Entwicklungsarbeiten noch nicht vorhanden sein kann.

Einen schnellen Überblick über die schriftlich festgelegten Anforderungen liefert das *Übersichtsdiagramm* (vgl. Yourdon et al. (1995)), in dem das zu erstellende System, die mit ihm zusammenarbeitenden Personen und Hard- oder Software-Systeme sowie die wesentlichen Systemfunktionen grob skizziert werden.

Abbildung 2.12 zeigt das Übersichtsdiagramm für die Problemspezifikation von Beispiel 1. Ein weiteres Beispiel für ein Übersichtsdiagramm wird in Kapitel 7 gegeben.

Nach Anfertigung der Problemspezifikation beginnt die Erstellung des Analysemodells mit der Suche nach Klassen und Objekten, der Untersuchung ihrer Beziehungen und der Beschreibung ihrer Zusammenarbeit zur Erfüllung der spezifizierten Anforderungen.

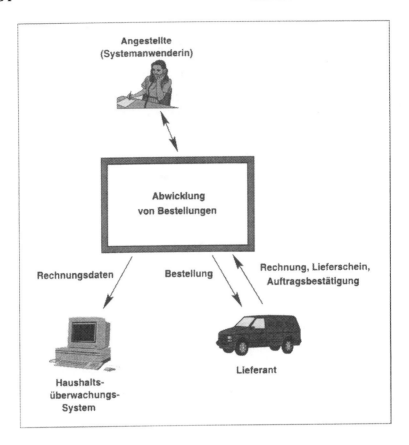

Abbildung 2.12: Beispiel eines Übersichtsdiagramms

2.4 Die Analysephase

In der Analysephase werden alle Tätigkeiten zusammengefaßt, die
durchzuführen sind, um ein vollständig dokumentiertes logisches Modell des relevanten Realweltausschnitts zu erstellen. Dieses erste
Analysemodell soll unabhängig von der gewählten Entwicklungsumgebung dauerhaft Bestand haben. Seine Dokumentation erfolgt unter Verwendung der oben beschriebenen objektorientierten Konzepte, soweit diese programmiersprachenunabhängig sind. Tätigkeiten
im Rahmen der objektorientierten Analyse sind vor allem das Auffinden der im Problembereich vorhandenen Objekte und ihrer Beziehungen untereinander, das Gruppieren von Objekten in Klassen und die

Strukturierung der Klassen. Weiterhin müssen Eigenschaften und Verhalten der Objekte in geeigneter Form definiert sowie die Kommunikation zwischen Objekten beschrieben werden. Anforderungen an eine Methode zur objektorientierten Systemanalyse erwachsen sowohl aus grundsätzlichen Anforderungen an jede Analysemethode als auch aus speziellen Anforderungen, die an eine objektorientierte Methode zu stellen sind.

Die Beschreibung eines Systems kann unter drei Aspekten erfolgen. In der Analysephase sollten

- Objekte, Klassen und deren Abhängigkeiten bzw. Strukturen abgebildet,

- Kontrollflüsse oder globales Systemverhalten erfaßt und

- lokales funktionales Verhalten oder Klassenmethoden beschrieben werden.

(Vgl. z.B. Graham (1991).) Im Idealfall stellt eine Methode aufeinander abgestimmte Hilfsmittel zur Modellierung von Strukturen, Kontrollflüssen und Prozessen zur Verfügung. Die klassischen Konzepte ermöglichen dagegen nur eine Systembeschreibung aus der Sicht jeweils eines der hier diskutierten Aspekte.

Neben dieser Möglichkeit zur vollständigen Modellierung des zu entwickelnden Systems sollte eine Analysemethode, besonders im Hinblick auf komplexere Systeme, die Voraussetzungen zur Unterstützung der Analysetätigkeiten durch CASE-Tools erfüllen. Hierbei müssen vor allem die Notation, das Zusammenspiel und die gegenseitigen Abhängigkeiten der einzelnen in der Analyse erstellten Dokumente genau definiert sein. Dazu gehört auch die Festlegung eines Regelwerks zur Überprüfung der Konsistenz der Analyseergebnisse. Eng verbunden mit der Forderung nach Tool-Unterstützung ist die Anforderung, eine Schnittstelle zur Übergabe von Ergebnissen in die nachfolgenden Phasen des Softwarelebenszyklus bereitzustellen. Dies wird jedoch unproblematisch und ohne Informationsverluste möglich sein, wenn der objektorientierte Ansatz konsequent verfolgt wird.

Zusätzlich zu den genannten Charakteristika einer objektorientierten Analysemethode erscheinen die folgenden Anforderungen, die sich in einer breiten Mehrheit der zum Thema veröffentlichten Arbeiten wiederfinden und auch Bestandteil des *Objektmodells* der Object Management Group (OMG (1995c)) sind, als grundlegend.

Klassenbildung: Die Zusammenfassung gleichartiger Objekte zu Klassen muß unterstützt werden.

Methoden und Attribute: Die Zuordnung von Methoden und Attributen an Klassen bzw. ihre Objekte muß möglich sein.

Vererbung: Generalisierungs-/Spezialisierungsstrukturen – und damit das Konzept der Vererbung von Eigenschaften und Verhalten von Basisklassenobjekten an Objekte abgeleiteter Klassen – müssen modellierbar sein.

Aggregation: Die Aufnahme von Objekten als Bestandteil (Attributwert) anderer Objekte muß zulässig sein.

Beziehungen und Kommunikation: Ein geeignetes Konstrukt zur Abbildung von Objektbeziehungen und des Nachrichtenaustauschs zwischen Objekten muß zur Verfügung gestellt werden.

Darüber hinaus ist es sinnvoll, daß die Methode es gestattet, bereits im Analysemodell

- zwischen abstrakten und nicht abstrakten Klassen zu unterscheiden,

- Informationen über Wertebereiche und Standardwerte von Attributen sowie über die zur Implementierung von Methoden vorgesehenen Algorithmen zu verwalten,

- Nachrichteninhalte und die zeitliche Abfolge beim Versenden von Nachrichten darzustellen,

- Objektbeziehungen durch Angabe der Anzahl (*Kardinalität*) der jeweils beteiligten Objekte genauer zu charakterisieren.

Ein letztes wünschenswertes Merkmal ist die Möglichkeit der Zerlegung des Gesamtsystems in einzelne voneinander weitestgehend un-
abhängige Teilsysteme. Derartige *Skalierbarkeit* erleichtert die Kommunikation mit den Systemanwendern, die dann nicht mit Informationen überfrachtet werden, da nur die jeweils interessierenden Teil-
bereiche des Systems gesondert betrachtet werden können.

Mit der von uns im weiteren Verlauf dieses Buchs beschriebenen objektorientierten Analysemethode werden die oben aufgeführten Zielsetzungen erreicht.

Kapitel 3

Objektorientierte Systemanalyse

Wie bereits in Abschnitt 2.4 dargelegt, sollte ein vollständiges Analysemodell sowohl die *statische Sicht* (Objekte, Klassen, Strukturen), die *dynamische Sicht* (Objektverhalten, Kommunikation, Folgen von Methodenaufrufen, Kontrollfluß) als auch die *funktionale Sicht* (Algorithmik, Realisierung der Methoden) auf das zu modellierende System beinhalten. Fast alle bekannteren Analysemethoden, beispielsweise die Methoden von Coad und Yourdon (1991a), Rumbaugh et al. (1991) und Shlaer und Mellor (1988, 1992) enthalten die oben angesprochene Dreiteilung in der Systemanalyse, wobei jeder Ansatz andere Schwerpunkte setzt. Von Booch (1994) wird die Modellierung der Systemmethoden in der Designphase vorgenommen; er entwickelt dort ohne weitere Hilfsmittel direkt C++-Code. Jacobson et al. (1992) konzentrieren sich auf die Systemdynamik und erstellen anschließend ein statisches Modell.

Bei Coad und Yourdon liegt die Betonung auf der Darstellung der statischen Systemstruktur. Wegen der unserer Meinung nach sehr klaren, einfach zu erlernenden Notation haben wir diese Methode zur Beschreibung des statischen Systemmodells, wie es in Abschnitt 3.1 erarbeitet wird, aus der Fülle der veröffentlichten Ansätze ausgewählt. Bei der Erstellung des dynamischen Systemmodells halten wir uns im wesentlichen an die Notation und Vorgehensweise von Rumbaugh et al. (1991). Die dort definierten „Event Traces" sind inzwischen unter anderen Bezeichnungen („Fence Diagram", „Interaction Diagram", „Scenario View") auch von Martin und Odell (1992), Booch (1994), Coad et al. (1995) und Yourdon et al. (1995) adaptiert worden. Zur Dokumentation des in Abschnitt 3.3 beschriebenen funktionalen Modells verwenden wir die „klassischen" Struktogramme oder Pseudocode.

An dieser Stelle soll nochmals betont werden, daß zwischen den in den folgenden Abschnitten entworfenen Teilmodellen Wechselwirkungen bestehen. Es ist daher möglich und erforderlich, nicht nur innerhalb der jeweiligen Modelle die Konsistenz zu prüfen, sondern auch modellübergreifend die Korrektheit des entstehenden Gesamtmodells zu kontrollieren.

3.1   Das statische Modell des Systems

3.1.1   Notation

Sehr elementar ausgedrückt, wird der Problembereich mit der statischen Sicht unter der Fragestellung „*Womit* hat man es zu tun?" betrachtet. Das statische Modell soll somit die Klassen des Systems, deren Struktur, die Eigenschaften der Klassenobjekte und – ansatzweise und ohne ins Detail zu gehen – die Beziehungen und die Kommunikation zwischen den Objekten beschreiben. Ihm kommt deshalb eine große Bedeutung zu, weil es eine natürliche Abbildung der Objekte des interessierenden Realweltausschnitts darstellt und, zusammen mit dem dynamischen Modell, als Diskussionsgrundlage mit den späteren Systemanwendern dient.

Die in der Literatur vorgeschlagenen Notationen zur grafischen Veranschaulichung der statischen Struktur eines Problembereichs sind sehr zahlreich und unterscheiden sich oft nur in unwesentlichen Darstellungsvarianten (vgl. z.B. Schader und Rundshagen (1993)). Aus diesem Grund werden wir an dieser Stelle die Notationsvielfalt nicht noch erweitern, sondern vielmehr die uns am geeignetsten erscheinende Notation nach Coad und Yourdon (1991a) einsetzen. Die Wahl

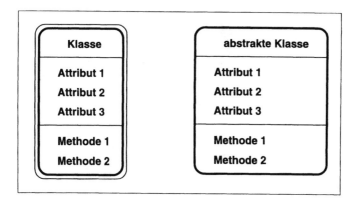

Abbildung 3.1: Darstellung von Klassen

dieser Darstellungsart ist sicherlich subjektiv, und es bleibt den Lesern überlassen, eine ihnen mehr zusagende Variante zu wählen.

Klassen werden durch Rechtecke mit abgerundeten Ecken dargestellt. Wie Abbildung 3.1 zeigt, unterscheidet man abstrakte Klassen, die keine Objekte enthalten können, sondern die lediglich als Basisklassen für speziellere, abgeleitete Klassen verwendet werden und Klassen, die Objekte enthalten können. Eine nicht abstrakte Klasse und ihre Objekte werden durch die Umrandung des Klassensymbols modelliert. Die Unterscheidung zwischen einer Klasse und ihren Objekten wird im folgenden für die korrekte Darstellung von Strukturen, Beziehungen und Nachrichtenverbindungen wichtig werden. Der Vorteil der geschilderten Darstellungsart liegt vor allem in der Möglichkeit, Klassen und ihre Objekte in einem Dokument gemeinsam darzustellen. Andere Ansätze wie beispielsweise Rumbaughs „Object Modeling Technique" oder Boochs „Object-Oriented Design" verwenden verschiedene Diagramme zur Beschreibung von Klassen und Objekten, dort werden Klassendiagramme und zugehörige Objektdiagramme entworfen.

In Vereinfachung des von uns in den Abbildungen 2.2–2.5 benutzten Schemas enthält das obere Drittel des Klassensymbols den Namen der Klasse, das mittlere Drittel ist für die Angabe der Attribute, das untere zur Aufzählung der Methoden reserviert. Sofern eine abstrakte Klasse eine reine *Protokoll*klasse ist, d.h. falls sie nur Methoden zu Empfang und Bearbeitung polymorpher Nachrichten, aber keine

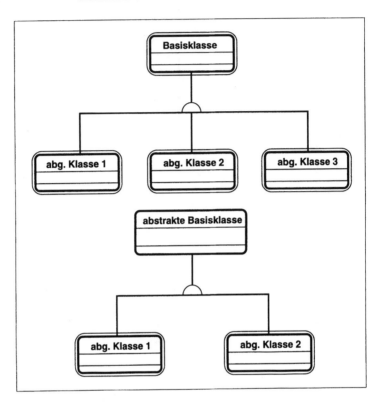

Abbildung 3.2: Darstellung von Vererbungsstrukturen

Attribute definiert, bleibt ihr Attributfeld frei. Entsprechend verfährt man in den eher seltenen Fällen, in denen eine Klasse über keinerlei Methoden verfügt. Attribute und Methoden werden innerhalb des Klassendiagramms lediglich durch ihren Namen repräsentiert. Eine genauere Beschreibung erfolgt in einer für jede Klasse zu erstellenden *Klassenspezifikation*, auf die wir weiter unten eingehen werden.

Eine *Vererbungsstruktur* wird in den meisten Ansätzen zur objektorientierten Analyse auf ähnliche Weise dargestellt. Wir positionieren die Basisklasse, die ihre Attribute und Methoden vererbt, oberhalb der von ihr abgeleiteten Klassen (sofern möglich) und verbinden sie mit diesen, wie in Abbildung 3.2 dargestellt. Da es sich bei der Vererbung um eine zwischen Klassen definierte Struktur handelt, werden hier die Klassensymbole miteinander verbunden. Eine solche Verbindungsli-

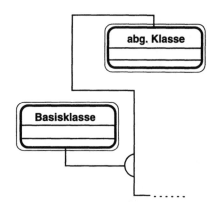

nie beginnt am unteren Rand des Basisklassensymbols und endet am oberen Rand der abgeleiteten Klasse; die Grundseite des Halbkreises zeigt immer in Richtung der abgeleiteten Klassen. Folgt man dieser Konvention, so kann eine Vererbungsstruktur, wie links angedeutet, auch auf beengtem Raum noch korrekt abgebildet und identifiziert werden. Die Lesbarkeit des Klassendiagramms wird hierdurch jedoch erschwert.

Zum besseren Verständnis des Modells und um die betreffenden Implementierungsschritte zu erleichtern, können die Namen der abgeleiteten Klassen die Namen der Basisklassen enthalten und so erweitert werden, daß der Unterschied zu den anderen Klassen der Vererbungshierarchie verdeutlicht wird. (Sinnvolle Namen für die Klassen aus Beispiel 1 wären etwa Bestellung, Rechnerbestellung, Softwarebestellung usw.) Attribute, die eine Klasse von einer Basisklasse erbt, werden in ihr Klassensymbol nicht erneut aufgenommen. Methoden trägt man nur dann nochmals ein, wenn sie in der abgeleiteten Klasse überschrieben werden.

Die zweite wichtige im Rahmen der objektorientierten Analyse zu modellierende Struktur ist die *Aggregationsstruktur* (auch: Gesamtheit-Teil-Struktur). Im Unterschied zur Vererbung, wo ein neuer Typ (die abgeleitete Klasse) unter Verwendung eines bereits existierenden Datentyps (der Basisklasse) definiert wird, betrachtet man hier Objekte: Jeweils ein oder mehrere konkrete Objekte der *Teil*klasse werden in einem oder mehreren Objekten der *Gesamtheit*klasse aggregiert.

Zur Darstellung dieses Sachverhalts werden daher die Objektumrandungen der betreffenden Klassen, wie in Abbildung 3.3 gezeigt, durch eine Linie miteinander verbunden. Wenn eine abstrakte Klasse beteiligt ist, muß man – stellvertretend für die von ihr abgeleitete Klasse und deren Objekte – ihr Klassensymbol verbinden.

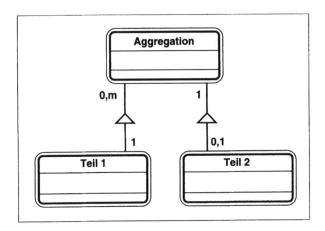

Abbildung 3.3: Darstellung aggregierter Objekte

Sofern möglich, ist die Gesamtheit oberhalb der Teile zu positionieren.
Die Verbindungslinien beginnen an ihrem unteren Rand und enden

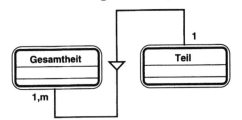

am oberen Rand der Teile, die
Grundseite des Dreiecks zeigt
in Richtung der Teilobjekte.
Somit kann auch die links abgebildete Struktur noch richtig interpretiert werden.

Zahlen an den die Objekte verbindenden Linien sind *Kardinalitäten*;
sie geben jeweils die Anzahl der Objekte an, die *zu einem bestimmten Zeitpunkt* an der Struktur beteiligt sein können. In Abbildung 3.3
ist ein Teil 1-Objekt immer in genau einer, ein Teil 2-Objekt entweder
in einer oder in keiner Aggregation enthalten. Ein Objekt der Klasse
Aggregation enthält je nach Systemzustand null oder mehrere Objekte
der Klasse Teil 1 und weiterhin genau ein Objekt der Klasse Teil 2. Beim
Aggregationsobjekt wird also eingetragen, aus wievielen Teilobjekten
es besteht (wieviele Teile es *sieht*), und umgekehrt wird beim Teilobjekt die Anzahl der Aggregationen angegeben, in denen es enthalten
sein kann. Ein m oder n bei einer Kardinalitätsangabe steht für eine
natürliche Zahl größer eins. Wie das Layering von Klassenobjekten
technisch realisiert wird (z.B. durch Referenzen oder klassenwertige
Attribute) ist eine Designentscheidung und in der Analysephase nicht

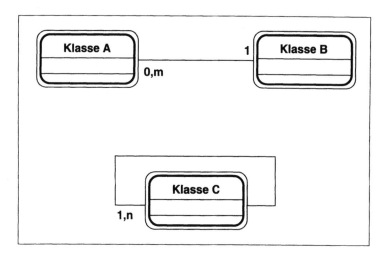

Abbildung 3.4: Darstellung von Objektbeziehungen

von Interesse. Auch der Name eines Attributs, mit dem man die Aggregationsstruktur bezeichnet, wird erst bei einem Designschritt in das Systemmodell aufgenommen.

Beziehungen zwischen Objekten (auch: *Objektverbindungen*) werden durch eine Verbindungslinie zwischen den Objektumrandungen derjenigen Klassen, deren Objekte miteinander in Beziehung stehen, modelliert. Zur Unterscheidung von Vererbungs- oder Aggregationsstrukturen beginnen und enden diese Linien immer seitlich am Objekt- bzw. Klassensymbol. Für abstrakte Klassen gilt dasselbe wie bei Aggregationen: eine abstrakte Basisklasse steht stellvertretend für die Objekte ihrer abgeleiteten Klassen.

Die Anzahl der zu einem bestimmten Zeitpunkt an einer Beziehung teilnehmenden Objekte wird wieder durch Kardinalitätsangaben festgelegt, die so angebracht werden, daß sie verdeutlichen, wieviele andere Objekte ein Objekt *sieht*. Dabei sind auch hier einzelne Werte oder ganze Wertebereiche zugelassen. Abbildung 3.4 zeigt eine Objektbeziehung, bei der jedes Objekt der Klasse B mit genau einem Objekt der Klasse A in Beziehung steht und jedes A-Objekt mit keinem, einem oder mehreren B-Objekten verbunden ist. Miteinander verbundene Objekte müssen nicht notwendigerweise verschiedenen Klassen an-

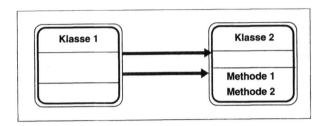

Abbildung 3.5: Darstellung von Nachrichtenverbindungen

gehören – je nach Problemstellung kann es erforderlich werden, auch Beziehungen zwischen Objekten derselben Klasse zu berücksichtigen.

Eine Kardinalitätsangabe kann beim Design wieder aus dem Modell gestrichen werden, wenn man feststellt, daß Objekte einer Klasse keine Information darüber benötigen, mit welchen (und wievielen) Objekten sie in Beziehung stehen bzw. in welchen Objekten sie enthalten sind.

Die Kommunikation (also Nachrichtenaustausch bzw. Methodenaufrufe) zwischen Objekten wird durch die Aufnahme der entsprechenden *Nachrichtenverbindungen* in das Systemmodell dargestellt. Wie Abbildung 3.5 zeigt, werden dazu Pfeile benutzt. Eine Nachricht kann nur von einem existierenden Objekt versandt werden. In der Mehrzahl der Fälle ist die Nachricht an ein bestimmtes Objekt gerichtet oder sie wird als „Broadcast-Message" an alle Objekte einer Klasse versandt. Dies setzt die Existenz einer Objektbeziehung oder eines Gesamtheit-Teil-Zusammenhangs (bzw. Kombinationen von beidem) zwischen Sender und Empfänger der Nachricht voraus – falls das sendende Objekt den Namen des Empfängerobjekts nicht selbst mittels einer Nachricht erhalten hat. Der die Nachrichtenverbindung symbolisierende Pfeil endet und beginnt dann an der Objektumrandung des Klassensymbols. Fast alle Nachrichtenverbindungen verlaufen parallel zu Objektverbindungen oder Gesamtheit-Teil-Strukturen. Und umgekehrt sind diese Beziehungen oder Strukturen ohne begleitende Nachrichtenverbindungen in einer oder beiden Richtungen für praktische Problemstellungen kaum relevant.

Verbindet man den Nachrichtenpfeil mit einer Klasse, so wird eine Methode nicht für ein spezielles Objekt aufgerufen. Zum Beispiel soll die Klasse ein neues Objekt (und gegebenenfalls gleichzeitig eine Verbindung zum Senderobjekt) erzeugen oder die Anzahl der aktuell existierenden Objekte liefern. Diese Art der Nachrichtenverbindung benötigt offensichtlich keine Objektverbindung für ihren Aufbau.

Die Reihenfolge und das Zusammenspiel von Methodenaufrufen werden im dynamischen Modell festgelegt. Algorithmische Details sind im Rahmen des funktionalen Modells zu spezifizieren.

Je nach Komplexität des zugrundeliegenden Problembereichs kann ein Analysemodell aus einigen hundert Klassen bestehen. Um die Übersichtlichkeit auch in solchen Fällen zu wahren, zerlegt man das System in Subsysteme oder Teile, deren Klassen – ähnlich wie die Cluster in Abschnitt 2.2 – aufgrund ihrer Strukturbeziehungen oder wegen ihrer Objekt- und Nachrichtenverbindungen konzeptionell zusammengehören oder zusammenwirken. In Anlehnung an Coad und Yourdon (1991a) werden wir diese Teile auch als *Subjekte* bezeichnen.

Subjekte werden durch Umrahmung der zu ihnen gehörenden Klassen dargestellt, numeriert und mit einem Namen versehen, der sich in der Regel aus den Namen von zum Subjekt gehörenden *zentralen* Klassen ergibt. Zur vereinfachten grafischen Darstellung des statischen Systemmodells und zur besseren Kommunikation mit den Anwendern kann der Inhalt von Subjekten teilweise oder vollständig ausgeblendet werden. Ebenso können Strukturen und Beziehungen zwischen Klassen und Objekten, die verschiedenen Subjekten angehören, wahlweise angezeigt oder unterdrückt werden. Die Abbildung 3.6 zeigt oben ein X-Subjekt, das links unten, durch Ausblenden von Attributen, Methoden, Strukturen und Beziehungen, teilweise komprimiert dargestellt ist. Dabei führt man nur noch die Namen der Klassen des Subjekts auf. Auf der rechten Seite ist das gleiche Subjekt *vollständig komprimiert* wiedergegeben, wobei lediglich noch Subjektnummer und -name angegeben sind. Das Modell kann weiter skaliert werden, wenn man Subjekte zu globaleren Subjekten zusammenfaßt.

Das Diagramm des statischen Systemmodells kann durch Anmerkungen und Anlagen, die die Lesbarkeit und Verständlichkeit erhöhen

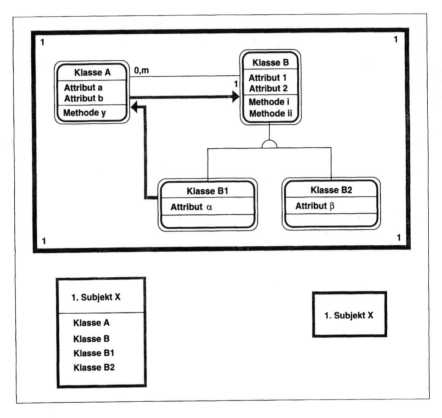

Abbildung 3.6: Darstellung von Subjekten

oder wichtige Sachverhalte verdeutlichen, nahezu beliebig erweitert und ergänzt werden. In diesem Zusammenhang wollen wir nur auf die Möglichkeit der Beschriftung von Nachrichtenverbindungen durch die Namen der aufgerufenen Methoden und der zu übertragenden Argumente oder die Beschreibung des Zusammenwirkens der Aufrufe durch Numerierung der Pfeile hinweisen. Solche Angaben werden zusätzlich noch detaillierter in den bereits erwähnten Klassenspezifikationen (siehe Abschnitt 3.1.8, S. 100) festgehalten.

3.1.2 Vorgehensweise

In der Literatur zur objektorientierten Systemanalyse herrscht weitgehend Übereinstimmung darüber, daß zur Erstellung eines Analysemo-

Abbildung 3.7: Die fünf Schichten nach Coad und Yourdon (1991a)

dells Klassen und ihre Objekte zu identifizieren sind, daß man die in
den Objekten enthaltenen Attribute und die Klassenmethoden definieren muß, daß die Beziehungen und die Kommunikation zwischen
Klassen und Objekten zu beschreiben sind und daß man bei großen
Systemen zweckmäßigerweise Teilsysteme bildet. Dagegen gehen die
Meinungen darüber, ob es eine sinnvolle Reihenfolge für diese Aktivitäten gibt, stark auseinander. Einige Abhängigkeiten können jedoch
festgehalten werden: Attribute kann man erst definieren, wenn die
entsprechenden Klassen feststehen. Und über Kommunikation kann
erst diskutiert werden, wenn die beteiligten Objekte bekannt sind. Andererseits ist vorstellbar, daß eine Zerlegung des Gesamtsystems relativ spät – nach Abschluß der Klassenbeschreibungen – erfolgt, oder
daß schon zu Beginn der Analyse verschiedene Verantwortlichkeiten
im Problembereich abgegrenzt werden, zu deren Wahrnehmung man
dann Klassen, Attribute usw. zusammenstellt.

Coad und Yourdon (1991a) schlagen eine Unterteilung des Analysemodells in fünf *Schichten* vor, die man wie Folien beliebig aufeinan-
derlegen kann, um das Modell unter verschiedenen Aspekten und mit
unterschiedlicher Detailliertheit zu betrachten. Die in Abbildung 3.7
dargestellten Schichten entsprechen den bereits genannten Haupt-
aktivitäten, die durchzuführen sind, um ein statisches Modell des
zu analysierenden Realweltausschnitts zu erstellen. Zunächst werden die potentiellen Klassen festgelegt, daraufhin sind Vererbungs-
und Aggregationsstrukturen zu identifizieren. Große Systemmodelle
werden nun in Subjekte zerlegt. Als nächstes erfolgt die Definition
von Attributen und Objektbeziehungen, bevor im letzten Schritt die
Nachrichtenverbindungen und Methoden definiert werden. Mit jeder

modellierten Schicht werden neue Details des Problembereichs festgehalten.

Rumbaugh et al. (1991) schlagen eine etwas andere Reihenfolge der Aktivitäten vor. Mit der Begründung, Vererbungsstrukturen ließen sich einfacher finden, falls die Attribute und Objektbeziehungen schon bekannt sind, ergibt sich das folgende Vorgehen:

1. Identifizieren von Klassen und Objekten,

2. Identifizieren von Attributen und Objektbeziehungen,

3. Identifizieren von Strukturen und

4. Zerlegen des Systems in Teilsysteme.

Methoden werden nach diesem Ansatz erst während der Erstellung des funktionalen Systemmodells eingeführt. Die gleiche Tätigkeitsfolge beschreiben auch Shlaer und Mellor (1988) sowie Wirfs-Brock und Wilkerson (1989).

Wir haben uns im folgenden an Rumbaughs Vorgehensreihenfolge orientiert, wobei jedoch erste Hinweise auf benötigte Methoden über die entsprechenden Nachrichtenverbindungen und den Eintrag der Methodennamen in die Klassensymbole schon in das statische Modell aufgenommen werden; die Überprüfung und algorithmische Beschreibung dieser Methoden wird im Rahmen des funktionalen Systemmodells vorgenommen. Die gewählte Reihenfolge hat ihre Ursache im wesentlichen in der Notwendigkeit zur sequentiellen Darstellung innerhalb des vorliegenden Buchs. Entwickelt man iterativ (z.B. nach dem Baseballmodell), so wird man fast zwangsläufig bestimmte Klassencluster bis zur Attribut- und Methodenschicht analysieren, entwickeln und testen, bevor man auf die Klassen- oder Strukturbildung im selben oder in anderen Clustern zurückkommt.

Die folgende Anforderungsspezifikation eines zweiten Beispiels, das wir neben Beispiel 1 öfter aufgreifen werden, ist die Erweiterung einer Problembeschreibung aus Shlaer und Mellor (1992).

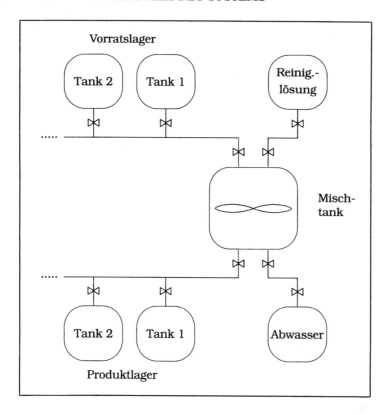

Abbildung 3.8: Eine Produktionsanlage aus Beispiel 2

Beispiel 2:

Abbildung 3.8 zeigt schematisch den Aufbau der Produktionsanlagen eines Kosmetikherstellers. Die Tanks im Vorratslager sind mit verschiedenen Basis-produkten (Wasser, Ölen, waschaktiven Substanzen, Duftstoffen usw.) gefüllt, die je nach erzeugtem Endprodukt (Shampoo, Spülung, Lotion) in bestimm-ter Weise zu kombinieren und eine vorgegebene Zeit lang zu mischen sind. Die Endprodukte werden dann in die Tanks des Produktlagers abgefüllt; der Mischtank wird nach jedem Produktionsvorgang mit einer Reinigungslösung gespült. Zur späteren Anbindung an eine bereits existierende Produktions-Planung und -Steuerung soll ein System entwickelt werden, das den Status der Lager und der Mischeinrichtungen anzeigen kann und in Abhängigkeit vom Systemstatus (Vorräte, Kapazitäten, Mischerzustand) die realisierbaren Produktionspläne ausgibt bzw. – sofern sie gewählt werden – startet.

Zu speichern sind neben Tankinhalten und Mischerzustand die Rezepte für die vorgegebenen Produktionspläne.

Das System hat über die Bereitstellung dieser Informationen hinaus das Einfüllen der Basisprodukte von den Vorratstanks in den Mischtank, das Mischen selbst, das Abfüllen der Endprodukte in die Produkttanks und den nachfolgenden Reinigungsvorgang zu steuern.

Das Nachfüllen der Vorratslager und das Entleeren der Produkttanks wird von anderen Systemen kontrolliert, zu denen Nachrichtenverbindungen herzustellen sind.

3.1.3 Identifizieren von Klassen und Objekten

Ausgangspunkt einer Systemanalyse ist die Problemspezifikation, die – wie in Abschnitt 2.3 besprochen – in den meisten Fällen aus verbalen Beschreibungen des zu analysierenden Problembereichs, also des Teilbereichs der Realwelt, aus dem Probleme bearbeitet und gelöst werden sollen, und einem zusammenfassenden Übersichtsdiagramm besteht. Systemanalytiker erarbeiten diese ersten Problemdefinitionen über die Befragung zukünftiger Anwender und die Beobachtung ihrer Tätigkeiten, mittels Untersuchung der Arbeitsweise existierender, abzulösender und zu verbessernder Systeme und aus Pflichtenheften oder ähnlichen gegebenenfalls vorliegenden Dokumenten. Mit diesen frühen, grundlegenden Spezifikationen sollen zum einen die Voraussetzungen für ein klares Verständnis des zu modellierenden Realweltausschnitts geschaffen werden und gleichzeitig sollen sich die Entwickler das von den Anwendern benutzte Vokabular aneignen.

Wichtig ist dabei auch, daß frühzeitig eine klare Abgrenzung der *Systemverantwortlichkeit* innerhalb des Problembereichs vorgenommen wird. Das heißt es muß festgelegt werden, welche Informationen und Vorgänge des Problembereichs relevant für das zu erstellende Softwaresystem sind und demnach durch Objekte, ihre Strukturen, Beziehungen und Nachrichtenverbindungen abgebildet werden müssen.

In Beispiel 1 ist das geplante System für das gesamte Bestellwesen verantwortlich, in der ersten Ausbaustufe jedoch nicht für die demselben Problembereich zuzuordnenden Eingänge von Auftragsbestätigungen, Lieferscheinen und Rechnungen. Zahlungen und Inventarisierungen werden von dem Haushaltsüberwachungs-System abgewickelt.

In Beispiel 2 liegen etwa das Füllen und Entleeren des Mischtanks in der Verantwortlichkeit des Systems; für das Füllen der Vorratstanks und das Entleeren der Produkt- und Abwassertanks werden andere Systeme eingesetzt.

Eine formale, möglicherweise automatisierbare Anleitung zum Auffinden potentieller Klassen innerhalb eines Problembereichs ist bis heute nicht entwickelt worden. Die Bestimmung „guter" Klassen wird sogar in verschiedenen Veröffentlichungen zu diesem Themenkreis als „natürliche" oder „offensichtliche" Tätigkeit angesehen. Meyer (1990) schreibt beispielsweise: „Die zu modellierende Welt besteht aus Objekten – Sensoren, Geräte, Flugzeuge, Beschäftigte, Gehaltsschecks, Steuerrückzahlungen –, und es ist angebracht, das Modell um die Computer-Darstellung dieser Objekte herum zu organisieren. Deshalb verbringen objektorientierte Entwerfer normalerweise ihre Zeit nicht mit akademischen Diskussionen über Methoden, wie Objekte zu finden sind: In der physikalischen oder abstrakten Wirklichkeit sind die Objekte modelliert und warten darauf, aufgelesen zu werden! Die Softwareobjekte spiegeln diese externen Objekte einfach wider." Unseres Erachtens darf bezweifelt werden, ob die Dinge wirklich so einfach liegen und ob methodische Überlegungen daher Zeitvergeudung sind.

Einer der ältesten Hinweise, der das Auffinden von Klassen behandelt, ist die *Textanalyse* nach Abbot (1983), bei der die Substantive in der Problemspezifikation oder im Pflichtenheft als Ausgangsbasis für Klassenkandidaten dienen; in Ergänzungen dazu (z.B. Taylor (1992)) wurde vorgeschlagen, Adjektive bzw. Verben im Hinblick auf ihre Eignung als Attribute bzw. Methoden zu untersuchen. Zur Verwendbarkeit dieses Ansatzes in der Praxis vgl. aber auch Taylor (1993).

In neueren Arbeiten (z.B. Shlaer und Mellor (1988), Coad und Yourdon (1991a), Coad et al. (1995), Yourdon et al. (1995)) wird vielfach versucht, verschiedene *Arten* von Klassen problemunabhängig zu charakterisieren und zu erfassen. Eine solche Liste grundlegender Klassen soll dann den Systemanalytikern als Hilfsmittel zur Festlegung potentieller Klassen in ihrem Problembereich dienen und Antworten auf die Frage „*Wonach* kann man suchen?" anbieten. Wirfs-Brock et al. (1990) gelangen über die Modellierung von physikalischen Objekten, konzeptionellen Objekten, Schnittstellen sowie Attributwerten zu den in Frage kommenden Klassen. Einen anderen Weg beschreiben Jacobson et al. (1992), die potentielle Klassen des Systems aus der Systemfunktionalität über typische Anwendungsvorgänge („Use Cases") ableiten.

Die Überprüfung einer *Checkliste* immer wieder benötigter Klassen hat sich in der Praxis bei den ersten Analyseschritten als nützlich erwiesen, so daß wir an dieser Stelle die unserer Meinung nach typischen Vertreter kurz charakterisieren und durch Beispiele veranschaulichen werden:

- *Personen* können innerhalb eines Systems verschiedene *Rollen* einnehmen. Die eine bestimmte Rolle einnehmenden Personen faßt man zu einer Klasse zusammen.

  Typische Rollen sind beispielsweise Lieferant, Kunde oder Mitarbeiter, für die man sich Standardrealisierungen vorstellen kann, die zur Aufnahme in eine anwendungsspezifische Klassenbibliothek geeignet sind.

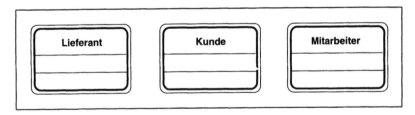

Abbildung 3.9: Beispiele für Personen und ihre Rollen

Bemerkung

Für die Anwender eines Systems wird keine eigene Klasse Benutzer, User o.ä. definiert. Benutzer kommunizieren mit allen Klassen des Systems – insbesondere über die Objekte der Benutzeroberflächenklassen. Ihr Verhalten fällt nicht in die Systemverantwortlichkeit.

- *Dinge* im Problembereich können als *technische Einrichtungen, Geräte* oder *Instrumente* Daten und Kontrollinformationen mit dem zu entwickelnden System austauschen. Sie werden dann als Klassenobjekte modelliert.

  Sämtliche Tanks in Beispiel 2 und insbesondere die Mischanlage müssen Daten über ihre Füllmengen bzw. ihren Zustand liefern und in der Lage sein, Nachrichten zum Öffnen und Schließen von Ventilen, zur Aufnahme und Abgabe von Zwischen- und Endprodukten und zum Starten und Beenden der Mischvorgänge zu empfangen und entsprechend zu verarbeiten.

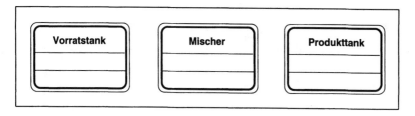

Abbildung 3.10: Beispiele für technische Einrichtungen

- An bestimmten *Orten* im Problembereich können sich wichtige Informationen oder Nachrichtenverbindungen konzentrieren. Mit einer Klasse sind neben der geographischen Lage auch Zustand und Verhalten der entsprechenden Objekte in einem Analysemodell darstellbar.

  Beispiele sind die Klasse Bahnhof in einem Programmsystem, das Fahrstraßen im Streckennetz einer Bahn AG bestimmt, die Klasse Filiale in einem System zur Ermittlung kurzer Wege für die

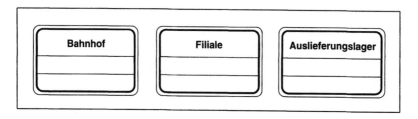

Abbildung 3.11: Beispiele für Orte

Transporte eines Lebensmitteldiscounters oder die Klasse Aus-
lieferungslager eines Buchverlags.

- *Beschreibungen* liegen oft in Form von Standards, Definitionen
  oder technischen Dokumenten, die sich auf Daten und Funktionen beziehen können, vor. Sie sind dann als Objekte abbildbar.

  In Beispiel 1 wäre Produkt eine Klasse zur Spezifikation der von einem Lieferanten angebotenen Produkttypen. In Beispiel 2 enthält
  die Klasse Rezeptur die Zusammensetzungen und Herstellungsan-
  leitungen der verschiedenen Kosmetika.

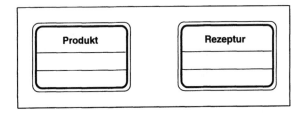

Abbildung 3.12: Beispiele für Beschreibungen

- *Ereignisse* oder Vorgänge, die in die Systemverantwortlichkeit
  fallen, über die Informationen innerhalb des System zu speichern
  sind und zu deren Behandlung oder Bearbeitung Funktionalität
  bereitgestellt werden muß, stellen potentielle Objekte dar, für die
  Klassen in das statische Modell aufgenommen werden können.

  In Beispiel 2 wird der Beginn eines Produktionsvorgangs durch
  das Erzeugen eines Produktionsobjekts modelliert. Auf entsprechende Weise kann die Fahrt eines Zugs durch einen Bahnhof

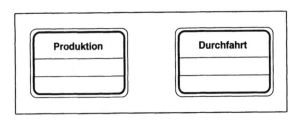

Abbildung 3.13: Beispiele für Ereignisse

(einschließlich der erforderlichen Signalschaltung, Weichensstellung, An- und Abmeldung) mit Objekten der Klasse Durchfahrt beschrieben werden.

- *Interaktionen* zwischen zwei oder mehreren Objekten sind selbst Kandidaten für Klassenobjekte, falls sie Transaktions- oder Vertragscharakter besitzen.

In kaufmännischer Anwendungssoftware sind beispielsweise Bestellung oder Kaufvertrag typische Interaktionsklassen, für die man möglicherweise schon geeignete Versionen in einer Klassenbibliothek findet.

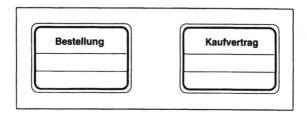

Abbildung 3.14: Beispiele für Interaktionen

- *Externe Systeme*, die zum Problembereich gehören und mit denen die zu entwickelnde Software zusammenarbeitet, deren Aufgaben jedoch nicht in die Systemverantwortlichkeit fallen, werden als Klassen in das Analysemodell aufgenommen. Da hier die Kommunikation beider Systeme im Vordergrund steht, wird es sich dabei oft um Klassen ohne Attribute handeln. Weiterhin ist typisch, daß für derartige Klassen oft nur ein einziges Objekt existiert.

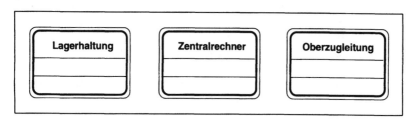

Abbildung 3.15: Beispiele für Systeme

Die Überprüfung potentieller Klassen

In der Regel führt eine erste Analyse des Problembereichs zu einer großen Anzahl von Klassenkandidaten, die möglicherweise gar nicht alle zur Erzeugung von Objekten benötigt werden. Gleichzeitig wird man im weiteren Verlauf der Entwicklung oft feststellen, daß man noch nicht alle Klassen gefunden hat – dies zeigt sich spätestens bei den ersten Implementierungsschritten mit der Verknüpfung der innerhalb eines Subjekts vorhandenen Klassen zu einem arbeitenden Teilmodell untereinander kommunizierender Objekte.

Es ist daher sinnvoll, die bei der geschilderten ersten Suche bereits gefundenen potentiellen Klassen im Hinblick auf ihre Relevanz für das zu modellierende System zu überprüfen. Hierzu werden üblicherweise *Kriterienkataloge* verwendet. Ebenso können die eigenen Erfahrungen der Systemanalytiker und Dokumentationen der in gleichen oder ähnlichen Problembereichen früher durchgeführten Systemanalysen eine wertvolle Hilfe bei der Beurteilung eines ersten Ergebnisses für die Klassenschicht sein.

Um zu entscheiden, welche der gefundenen Klassen zunächst nicht weiter betrachtet werden und welche in den übrigen Schichten des Modells genauer zu beschreiben sind, werden wir jede Klasse anhand der im folgenden beschriebenen Kriterien untersuchen. Eine Klasse muß nicht allen hier genannten Anforderungen genügen. Die Tatsache, daß einige der angeführten Kriterien von einem Kandidaten nicht erfüllt sind, ist aber ein Indiz dafür, daß die betreffende Klasse (ebenso wie die Klassen aus ihrem Umfeld) nochmals eingehend auf ihre Bedeutung im Rahmen der Systemverantwortlichkeit zu untersuchen ist. Die Klassen sollten

- Informationen enthalten, deren Erfassung und Speicherung innerhalb des Systems erforderlich ist.

  Die Analytiker müssen entscheiden, ob die in der Klasse vorhandenen Informationen – „das was ein Objekt der Klasse *weiß*" – benötigt werden, um ein korrekt arbeitendes System zu entwickeln.

- Operationen zur Verfügung stellen, die im System gespeicherte Informationen verarbeiten und analysieren und damit für die
Gesamtfunktionalität des Systems benötigt werden.

Hiermit sind nicht die für jede Klasse zu implementierenden *Kon-
struktor-* und *Destruktorfunktionen*, mit denen man Objekte erzeugt und löscht, und auch nicht die für jede Klasse mit Attributen notwendigerweise zu definierenden *Zugriffsfunktionen* zum
Schreiben und Lesen von Attributwerten gemeint, sondern Funktionen, die über diese Standardoperationen hinaus etwas – „das
was ein Objekt der Klasse *kann*" – zur Dynamik des Systems
beitragen.

Bemerkung

Diese beiden ersten Kriterien ergeben sich aus dem ganzheitli-
chen Verständnis, das Objekte als Verknüpfung von Daten und
Funktionen ansieht. Ausnahmen wie eine Protokollklasse werden zu dem besprochenen frühen Entwicklungszeitpunkt in der
Regel noch nicht modelliert. Die Überprüfung dieser und eini-
ger der noch folgenden Kriterien ist nur möglich, wenn man sich
gleichzeitig mit dem Identifizieren von Klassenobjekten auch mit
deren Status und Verhalten befaßt, also die Klassen-, Attribut-
und Methodenschicht parallel entwickelt – wie es zu Beginn von
Abschnitt 3.1.2 schon diskutiert wurde.

- durch mehr als ein Attribut beschrieben werden.

Klassen, die nur ein Attribut enthalten, deuten oft auf eine zu
feine Untergliederung bei der Klassenbildung hin. Hier ist zu
überlegen, ob man das Modell dadurch sinnvoll vergröbern kann,
daß man stellvertretend für diese Klasse ein zusätzliches Attribut („Statusattribut"), das die gewünschte Information enthält,
in eine andere Klasse aufnimmt.

Hat man in Beispiel 1 etwa zur Beschreibung der Lieferanten
die Klassen Name, Anschrift und Konditionen gebildet, ist hier die
Integration in die Klasse Lieferant angebracht.

Ausgenommen von dieser Bedingung sind *Hüll*klassen, die externe Systeme mit ihren Steuerungs- und Kommunikationsfunktio-

nen einhüllen aber in der Regel keine Attribute enthalten (vgl. S. 57).

- mehr als ein Objekt enthalten.

  Da in einer Klasse jeweils gleich strukturierte Objekte zusammengefaßt werden, zeigt ein Modell, in dem mehrfach Klassen mit nur einem Objekt auftreten, eine zu feine Klasseneinteilung an.

  Ausnahmen, wie in Beispiel 2 die Klasse Mischer, die bei einem Hersteller mit nur einer Produktionsanlage auftritt, können jedoch sinnvoll sein.

- nur Attribute enthalten, die für jedes Objekt gültig sind.

  Grundsätzlich sollte jedes Attribut eines Objekts einen definierten Wert annehmen können. Sind in einer Klasse Objekte enthalten, für die bestimmte Attributwerte nicht feststellbar sind, dann ist die Klasse nicht ausreichend homogen spezifiziert und muß in der Regel in feinere Klassen zerlegt werden. Mit dieser Anforderung soll verhindert werden, daß eine Methode Attributwerte liest und verarbeitet, die NULL oder „nicht verfügbar" sind.

- nur Methoden bereitstellen, die für jedes Objekt der Klasse aufrufbar sind.

  Analog zum letzten Punkt soll hiermit (gegebenenfalls durch Verfeinerung) die Bildung homogener Klassen gesichert werden. Insbesondere soll diese Anforderung fehlerträchtige, nicht wartbare Implementationen der Art *falls Objekt x vom Typ T ist, dann f()*, *ansonsten g()* verhindern.

- keine aus anderen Attributwerten ableitbaren Informationen beinhalten.

  Sind in Beispiel 2 für ein Produktionsobjekt Produktionsbeginn und Mischzeit bekannt, so kann daraus das Produktionsende berechnet werden. Coad und Yourdon (1991a) und Rumbaugh (1992) schlagen vor, erst in der Designphase solche ableitbaren Informationen (aus Performance-Gründen) in das Modell aufzunehmen und sie von *Basisinformationen* abzugrenzen.

- zunächst den Problembereich abbilden und keine Design- oder Implementierungskonstrukte enthalten.

Auch wenn inkrementell und iterativ entwickelt wird, müssen als erstes Problem und Systemverantwortlichkeit verstanden und abgegrenzt werden. Bei frühen Design- und Implementierungsschritten kann die Architektur des entstehenden Systems dann dadurch „konserviert" werden und für verschiedene Hard- und Softwareumgebungen verwendbar bleiben, daß man in die Problembereichsklassen keine Designdetails einbringt, sondern das Modell um die benötigten Designklassen erweitert.

Ähnliche Auflistungen wie die hier angeführten Klassenkriterien *Attribute benötigt*, *Methoden benötigt*, *mehr als ein Attribut*, *mehr als ein Objekt*, *Attribute für jedes Objekt gültig*, *Methoden für jedes Objekt aufrufbar*, *Attribute nicht ableitbar* und *Problembereich abgebildet* enthalten beispielsweise Coad und Yourdon (1991a), Rumbaugh et al. (1991), Shlaer und Mellor (1988), Taylor (1992) oder Wirfs-Brock et al. (1990). Die dort gegebenen Hinweise beziehen sich dabei stark auf die jeweils zur Identifikation möglicher Klassen empfohlenen Vorgehensweisen.

3.1.4 Definition von Attributen

Alle Objekte einer Klasse zeichnen sich durch gemeinsames *Verhalten* und eine gleiche Menge möglicher *Zustände* aus. Während das Objektverhalten durch die Methoden, die für ein Objekt der Klasse aufgerufen werden können, definiert ist, wird der Zustand eines Objekts durch die Werte, die es bei einer Menge von *Eigenschaften* annehmen kann, bestimmt. Diese Objekteigenschaften sind entweder *Attribute* des Objekts selbst oder *Beziehungen* zwischen dem Objekt und einem oder mehreren anderen Objekten. Bei der Spezifikation von Attributen und Objektbeziehungen müssen sich die Systemanalytiker stets vor Augen halten, daß hier sämtliche Informationen, die das zu entwickelnde System benötigt bzw. verarbeiten muß, zu modellieren sind – es gibt bei objektorientierter Vorgehensweise keine Dateien, Tabellen oder Speicher mit nicht klassen- oder objektbezogenen Daten; ebensowenig gibt es „globale" Funktionen, die nicht Klassenmethode sind.

Bei physisch existenten Objekten ist es möglich, durch Beobachtung der entsprechenden Personen, Dinge, Orte usw. im Problembereich, diejenigen Attribute zu ermitteln, die bei allen Objekten der jeweiligen Klasse übereinstimmend vorhanden sind. Ebenso einfach lassen sich mit Vorgängen oder Konzepten verknüpfte Objekte, z.B. Ereignisse, Transaktionen oder Interaktionen, beschreiben, wenn sie in der Realwelt durch Protokolle, Formulare, Verträge o.ä. dokumentiert werden.

In allen Fällen ist die Betrachtung der folgenden Fragen bei der Zusammenstellung der Attribute für die Objekte einer Klasse hilfreich:

- Wie wird das Objekt *allgemein* beschrieben?

- Wie wird das Objekt im *Problembereich* beschrieben?

- Wie wird das Objekt im Zusammenhang mit der *Systemverantwortlichkeit* beschrieben?

Darüber hinaus wird man an dieser Stelle schon berücksichtigen, welche Informationen die Methoden, über die das Objektverhalten definiert wird, innerhalb eines Objekts voraussetzen. Einfach ausgedrückt, ist hier für jede Klasse X die Frage „Was *weiß* ein X-Objekt?" zu beantworten.

Auch beim Identifizieren von Attributen bietet es sich an, frühere Analyseergebnisse aus ähnlichen Problembereichen zu untersuchen, da die auftretenden Objekte zum Teil einheitlich beschrieben werden können und sich erst bei Attributen, die sich speziell auf die Systemverantwortlichkeit beziehen, unterscheiden.

Wir betrachten beispielsweise im Rahmen des DV-gestützten Kundenbetreuungssystems eines Autohauses die Attribute der Klasse Kunde.

Allgemein werden Kunden – gleichgültig, ob es sich um den Kauf von Waren oder die Inanspruchnahme von Dienstleistungen handelt – durch die Attribute Name und Anschrift beschrieben.

Attribute, die sich aus dem Problembereich – hier dem Verkauf von Produkten – ergeben, sind z.B. Kundenkontonummer und Rabattklasse. Dieselben

Abbildung 3.18: Eine Kundenklasse mit ihren Attributen

Attribute können für den Vertrieb eines Workstation-Herstellers oder für einen Mineralölhändler interessant sein.

Falls das zu modellierende System auch Akquisitionsaktionen unterstützen soll, dann werden unter Umständen Attribute wie Familienstand, Beruf oder AnzahlDerKinder nötig, um die passenden Zielgruppen ansprechen zu können. Abbildung 3.18 zeigt die Klasse Kunde mit den bisher ausgewählten Attributen.

Im Analysemodell können zusammengehörende („natürliche") Gruppen von Attributen zu einem globaleren Attribut zusammengefaßt werden, wenn das Modell dadurch übersichtlicher wird und kein nennenswerter Informationsverlust auftritt. Im obigen Beispiel haben wir statt Anrede, Titel, Vorname und Nachname den Namen und statt Straße, Hausnummer, Postleitzahl und Ort kurz Anschrift gewählt. Über die konkrete Darstellung von Namen und Anschriften wird erst im Design oder bei der Implementierung entschieden.

Wir haben im Einleitungskapitel erläutert, daß die Tätigkeiten in der Systemanalyse zum Ziel haben, Informationen über ein zu entwerfendes System und dessen Systemanforderungen im Sinne einer Bestandsaufnahme in einem Analysemodell abzubilden und daß in diesem Stadium des Entwurfsprozesses Details der späteren Realisierung noch nicht von Interesse sind. Bei der Definition von Attributen befaßt man sich daher nicht mit Fragen

- der expliziten Speicherung oder jeweiligen Neuberechnung ableitbarer Attribute,

- der Festlegung von Schlüsselattributen oder

- der Normalisierung der in den Klassenobjekten enthaltenen Attributwerte.

Überlegungen in bezug auf Identifikationsmechanismen für *persistente* Objekte – das sind Objekte, die eine längere Lebensdauer haben als der Prozeß, der sie erzeugt – oder den Grad der Normalisierung, der angestrebt wird, sind allenfalls beim Design des Datenmanagements anzustellen (siehe hierzu Abschnitt 5.3); beim Einsatz eines objektorientierten Datenbank-Managementsystems erübrigen sie sich fast vollständig. Eine Übersicht über den Fortgang der Standardisierungsbemühungen in diesem Bereich gibt Cattell (1994b).

Bei der Definition von Attributen geht man in der Regel von einer bestimmten Klasse (oder genauer von ihren Objekten) aus. Die Zuordnung eines Attributs zu der Klasse, deren Objekte durch dieses Attribut charakterisiert werden, ist daher im Normalfall naheliegend und eindeutig. Schwieriger wird es, wenn beim Modellieren von Vererbungsstrukturen zu entscheiden ist, auf welcher Ebene die entsprechenden Informationen aufzunehmen sind, oder wenn bei Aggregationsstrukturen festgelegt werden muß, ob das in den Attributwerten gespeicherte Wissen in der Gesamtheit oder eher in den Teilen gebraucht wird. Hinweise hierzu werden wir bei der Identifikation dieser Strukturen geben. Probleme können auch auftreten, wenn sich bei der zweiten, dritten, ... Überarbeitung der Attributschicht herausstellt, daß weitere Daten in das Analysemodell aufgenommen werden sollen. Hier kann die Erweiterung oder Überarbeitung der Klassen eines Subjekts erforderlich werden.

Die drei bisher für Beispiel 1 identifizierten Klassen lassen sich aufgrund der Problemspezifikation (vgl. hierzu die Bestellung in Abbildung 2.1) durch die in Abbildung 3.19 gezeigten Attribute beschreiben. Wie die „Positionen" strukturiert sind, muß im weiteren Verlauf der Analyse noch geklärt werden.

Für die Klassen Rezeptur und Produktion aus Beispiel 2 können wir die in Abbildung 3.20 angegebenen Attribute identifizieren; hier müssen die „Be-

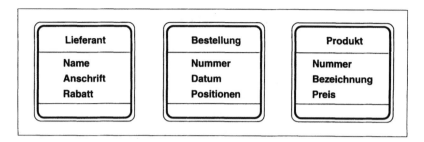

Abbildung 3.19: Erste Klassen- und Attributschicht für Beispiel 1

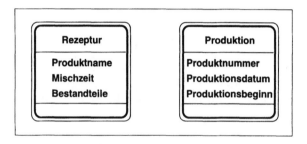

Abbildung 3.20: Klassen mit Attributen für Beispiel 2

standteile" noch weiter untersucht werden. Bei den Tankklassen dieses Beispiels fällt auf, daß sich Vorratstank, Produkttank, Abwassertank, Spültank und auch der Mischer durch dieselben Attribute Inhalt, Fassungsvermögen und Menge beschreiben lassen. Dies ist ein Hinweis darauf, daß es – um die sonst auftretenden Redundanzen zu vermeiden – sinnvoll ist, die Einführung einer gemeinsamen Basisklasse zu erwägen.

Die Überprüfung von Attributen

Analog zu den Klassenkandidaten werden auch die in den ersten Iterationsschritten der Systemanalyse definierten Attribute einer Überprüfung unterzogen. Diese Untersuchung erfolgt unter Berücksichtigung von vier Kriterien, die im folgenden beschrieben werden.

- Wurden dieselben Attribute für die Objekte verschiedener Klassen identifiziert (wie etwa bei den Tanks in Beispiel 2), so ist dieselbe Information an mehreren Stellen des Modells redundant untergebracht – mit dem Problem, daß bei Änderungen (z.B. wenn Füllmengen nicht mehr in hl, sondern in 1000l angegeben werden) alle diese Stellen berücksichtigt werden müssen. Eine erste Alternative wäre die Zusammenfassung der betreffenden Klassen zu einer Klasse und die Einführung eines Typattributs, mit dem die vorher modellierten Unterschiede dargestellt werden können. Im Beispiel würde eine Klasse Tank mit den Attributen Typ, Inhalt, Fassungsvermögen und Menge definiert, wobei Vorrat, Produkt usw. als Werte für Typ in Frage kommen. Diese „Lösung" bedeutet jedoch nur eine Verschiebung der Probleme bei Änderung und Wartung in die Methoden der neugebildeten Klasse, die dann abhängig vom Wert des Typattributs verschiedene Operationen ausführen müssen. Sinnvoller ist es hier, zu untersuchen, ob eine gemeinsame Basisklasse verwendet werden kann, deren Methoden polymorph aufrufbar sind. (Für Beispiel 2 wird unten eine solche Lösung entwickelt.)

- Die redundante Modellierung von Informationen ist auch bei der Definition der verschiedenen Attribute jeder einzelnen Klasse zu vermeiden. Aus diesem Grund nimmt man ableitbare Werte nicht explizit mit Attributen in das Analysemodell auf, sondern definiert eine entsprechende Methode. In Beispiel 1 kann auf die Einführung von Attributen Gesamtbetrag, MwSt und Rechnungsbetrag für die Klasse Bestellung verzichtet werden, wenn die Preise und Mengen der Positionen bekannt sind. Daß im Design, z.B. bei zeitkritischen Anwendungen, doch ein Attribut an die Stelle eines Methodenaufrufs treten kann, wurde bereits mehrfach angesprochen. Weiterhin ist hier zu überprüfen, ob nicht zwei verschieden benannte Attribute einer Klasse dieselbe Objekteigenschaft beschreiben.

- Die beiden folgenden Punkte werden jeweils auch während der Arbeiten an der Klassenschicht betrachtet: Jedes Attribut muß zu jedem Zeitpunkt für jedes Objekt seiner Klasse einen definierten Wert annehmen. Diese Attributwerte charakterisieren gemeinsam mit den Objektbeziehungen den Zustand eines Objekts. (Auf die Zusammenhänge zwischen Attributwerten und Objekt-

zuständen gehen wir in Abschnitt 3.2 genauer ein.) Sofern die
Ausprägungen eines Attributs für bestimmte Objekte nicht fest-
stellbar sind, deutet dies darauf hin, daß von der betroffenen
Klasse Spezialisierungen abgeleitet werden können. Stellt eine
Beschaffungsabteilung (vgl. Beispiel 1) etwa fest, daß in den be-
nutzten Bestellformularen nicht immer sinnvolle Anzahlen bei
einem Attribut vorhLizenzen oder kein Datum bei einem Attribut
ZustDV-Ausschuß angegeben werden können, ist die Ableitung einer
Softwarebestellung, Rechnerbestellung usw. von der Klasse Bestellung
zweckmäßig.

- Kann schließlich für eine Klasse nur ein einziges Attribut definiert werden, ist zu überlegen, ob es besser ist, diese Klasse und
  ihre Information über ein zusätzliches Attribut in einer anderen,
  allgemeineren Klasse zu modellieren. Je nach gegebenenfalls
  geerbten Attributen und für die Klasse spezifischen Methoden
  können jedoch Klassen mit sehr wenigen oder gar keinen Attributen für bestimmte Aufgabenstellungen sehr sinnvoll sein; wir
  werden dies bei der Fortentwicklung unserer Beispiele sehen.

Attributspezifikationen

Ähnlich wie die Klassennamen werden auch die Namen für Attribute
aus dem Vokabular der späteren Anwender gewählt. Hier ist besonders darauf zu achten, daß keine design- oder implementationsbe-
zogenen Abkürzungen oder Codes verwendet werden; eine wichtige
Funktion des Analysemodells liegt ja gerade darin, als Kommunikati-
onsbasis zwischen Systementwicklern *und* Anwendern zu dienen.

am Ende dieses Abschnitts noch genauer erläutert werden), müssen
auch die für die Klassen definierten Attribute beschrieben werden.
Neben dem *Namen* des jeweiligen Attributs sind hier zumindest

- der *Datentyp* oder Wertebereich des Attributs und

- eine *Kurzbeschreibung* des Zusammenhangs mit Problembereich
  oder Systemverantwortlichkeit

anzugeben. In den Designphasen können diese Angaben um weitere Details, z.B. Standardwerte, Zugriffsrechte und Abhängigkeiten von anderen Attributen (bei abgeleiteten Attributen) ergänzt werden.

Die Attribute der Klasse Lieferant des Beispiels 1 können folgendermaßen erläutert werden:

Attribute für Klasse Lieferant

(1) Name
Datentyp: String
Beschreibung: Dient zur Identifizierung der verschiedenen Lie-
    ferfirmen.

(2) Anschrift
Datentyp: String
Beschreibung: Gibt an, wohin eine Bestellung zu senden ist.

(3) Rabatt
Datentyp: ganze Zahl
Beschreibung: Gibt an, um wieviel Prozent der Listenpreis verrin-
    gert werden kann, um den Bruttoeinzelpreis der angebotenen
    Produkte zu erhalten.

3.1.5   Definition von Objektbeziehungen

Die Objekte des bei einer Systemanalyse betrachteten Realweltausschnitts stehen auf vielfältige Weise miteinander in Verbindung. Diese
Beziehungen entstehen meist dadurch, daß ein Objekt zur Erfüllung
seiner Aufgaben auf die Kommunikation mit anderen Objekten angewiesen ist und beispielsweise Informationen über deren aktuellen Zustand benötigt oder auf ihre Funktionalität zurückgreifen muß. Die
physischen oder logischen Verknüpfungen zwischen Objekten werden durch *Objektbeziehungen* (oder *Objektverbindungen*) dargestellt;
verbundene Objekte können dabei sowohl denselben als auch unterschiedlichen Klassen angehören. Objektverbindungen entsprechen
den Relationen in der ER-Modellierung; elementar ausgedrückt, stellt
man sich zu ihrer Identifikation für jede Klasse X die Frage „Welche
anderen Objekte *kennt* ein X-Objekt?"

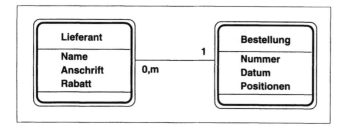

Abbildung 3.21: Beispiel für eine Objektbeziehung

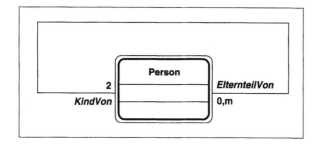

Abbildung 3.22: Beispiel für benötigte Verbindungsbeschriftung

Abbildung 3.21 zeigt eine Objektverbindung zwischen Objekten der Klassen Lieferant und Bestellung aus Beispiel 1. Zu jeder Bestellung gehört genau ein Lieferant, bei dem bestellt wird. Und zu einem bestimmten Zeitpunkt können bei einem bestimmten Lieferanten keine, eine oder mehrere Bestellungen der Beschaffungsabteilung in Bearbeitung sein.

Eine Beschriftung der Verbindungen zwischen Objekten im Analysemodell ist in der Regel nicht erforderlich, da die Bedeutung einer Beziehung unmittelbar aus dem Problembereich abgeleitet werden kann. Sofern es dem Verständnis des Modells dient, kann sie jedoch angebracht werden — vgl. Abbildung 3.22 und 3.23. Wir behandeln im folgenden nur Objektverbindungen zwischen jeweils zwei Objekten (zweistellige oder binäre Beziehungen). Versuche, drei- und vierstellige Beziehungen darzustellen, findet man in Shlaer und Mellor (1988) und Rumbaugh et al. (1991).

Im Analysemodell müssen für jede Objektverbindung die zugehörigen Kardinalitäten spezifiziert werden. Das heißt, es ist für jede beteiligte Klasse anzugeben, mit wievielen Objekten der zweiten Klasse ihre

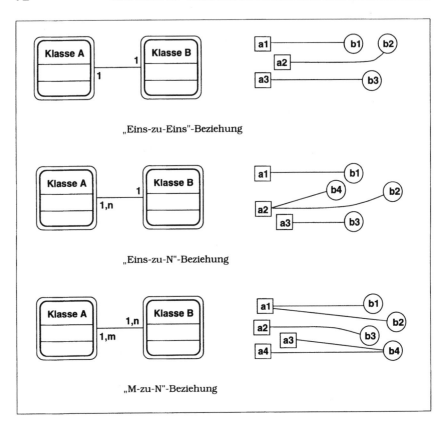

Abbildung 3.23: Verschiedene Typen von Objektbeziehungen

Objekte zu jedem beliebigen Zeitpunkt in der Realwelt verbunden sein können. Als Notation für diese Anzahl werden 1 bzw. 0,1 oder 1,n bzw. 0,n eingesetzt. Eine 1 bedeutet, daß jedes Objekt der ersten Klasse mit genau einem Objekt der zweiten Klasse verbunden ist, und 0,1 steht für höchstens eine Verbindung. Analog zeigen 1,n bzw. 0,n mindestens eine bzw. keine, eine oder mehrere mögliche Verbindungen an. Auch noch genauer spezifizierte Angaben, z.B. 0,4 oder 6,n sind möglich. Abbildung 3.23 stellt die drei wichtigsten Beziehungstypen auf der Klassen- (linke Seite) und der Objektebene (rechte Seite) dar. Die zum Zeitpunkt der Aufzeichnung dieser Beziehungen existierenden Objekte der beiden Klassen A und B sind hier mit a1, a2,... und b1, b2,... bezeichnet.

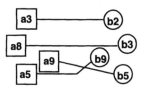

Für die Eins-zu-Eins-Beziehung zwischen A und B können zu einem späteren Zeitpunkt beispielsweise die links dargestellten Objektverbindungen beobachtet werden.

Eine Eins-zu-N-Beziehung kann man sich als eine aus mehreren Eins-zu-Eins-Beziehungen zusammengesetzte Beziehung vorstellen, und eine M-zu-N-Beziehung besteht somit aus zwei Eins-zu-N-Beziehungen. Bei „zu-N"-Beziehungen treten Fälle auf, in denen die mit einem Objekt verbundenen N Objekte geordnet (oder numeriert, sortiert usw.) werden können. Sofern es für das Systemverständnis wichtig ist, tragen wir dies im statischen Modell ein: Bei dem Lieferant – Bestellung-Beispiel aus Abbildung 3.21 kann der Lieferant die unerledigten Bestellungen etwa nach der Höhe des Rechnungsbetrags sortieren. Die Kardinalitätsangabe 0,m ersetzt man dann durch die Beschriftung 0,m *geordnet*.

Wie bei den neu definierten Attributen wird für alle erstmals in das statische Systemmodell aufgenommenen Objektbeziehungen eine Überprüfung vorgenommen, wobei zwei Kriterien untersucht werden.

Die Überprüfung von Objektbeziehungen

Bei allen Objektbeziehungen ist es interessant festzustellen, ob die zwischen zwei Objekten existierende Verbindung während der gesamten Lebensdauer der Objekte erhalten bleibt – wie beispielsweise die Verbindung zwischen einem Bestellungsobjekt und dem zugehörigen Lieferanten – oder ob ein Objekt unterschiedlich Verbindungen auf- und abbaut.

Ein Beispiel für den letzten Fall zeigt Abbildung 3.24, in der die Fahrer eines Verkehrsverbunds für verschiedene Liniensegmente eingeteilt werden, wobei sich diese Zuordnungen je nach Schicht und abhängig von Unfällen, Krankmeldungen usw. ändern.

Bei den eher „flüchtigen" Objektbeziehungen ist zu erwägen, ob es für das System sinnvoll ist, das Zustandekommen, die Aufnahme und die

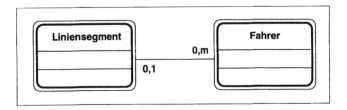

Abbildung 3.24: Beispiel für wechselnde Objektbeziehungen

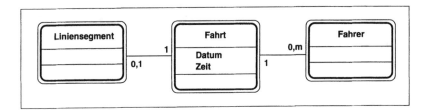

Abbildung 3.25: Dokumentation einer flüchtigen Objektbeziehung

Dauer der Beziehung oder die Namen der beteiligten Objekte über ein Ereignisobjekt zu dokumentieren. Abbildung 3.25 zeigt, wie dies im obigen Beispiel mit Objekten einer Klasse Fahrt realisiert werden kann.

Nach unserer Erfahrung ist diese Prüfung besonders bei M-zu-N- und Eins-zu-N-Beziehungen zu empfehlen und um so mehr, wenn die Verbindungen optional sind, d.h. wenn die Kardinalitäten 0,n oder 0,1 auftreten.

Für die Objektbeziehung aus Abbildung 3.21 ergibt sich keine Notwendigkeit zur Ergänzung des Modells, da für das System nur die Beziehung einer Bestellung zu ihrem Lieferanten, nicht aber die inverse Beziehung wichtig ist. Im Design wird daher die Kardinalitätsangabe 0,m bei der Klasse Lieferant entfernt.

Auch wenn zwischen den Objekten zweier Klassen mehrere Objektverbindungen mit unterschiedlicher Bedeutung auftreten, ist zu untersuchen, ob einige dieser Beziehungen durch eine neu zu bildende Klasse genauer spezifiziert werden sollten.

Die Abbildung 3.26 zeigt, wie die fahrplanmäßige und die tatsächlich geschaltete Durchfahrt von Zügen durch einen Bahnhof modellierbar sind. Die

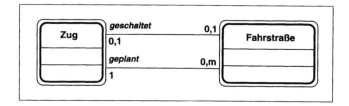

Abbildung 3.26: Beispiel mehrerer Objektbeziehungen

beiden Beziehungen können hier zum selben Zeitpunkt verschiedene Objektpaare verbinden, z.B. *geplant:* ICE 571 – Durchfahrt auf Gleis 1

  geschaltet: ICE 571 – 1 Minute außerplanmäßiger Halt auf Gleis 4

Mit der Einführung einer Klasse Durchfahrt könnte hier die jeweils geschaltete Fahrstraße mit Datum, Zeitpunkt und gegebenenfalls der Angabe von Bemerkungen erläutert werden.

Weitere Kriterien zur Prüfung von Objektbeziehungen findet man in Coad und Yourdon (1991a).

Beziehungsspezifikationen

Die Objektverbindungen eines Analysemodells müssen, ebenso wie die Attribute, in den zugehörigen Klassenspezifikationen beschrieben werden. Zusätzlich zu den Namen der *beteiligten Klassen* sind hier die *Kardinalitäten* und eine problembereichsbezogene *Kurzbeschreibung* der modellierten Beziehung anzugeben.

Für die Klasse Bestellung des Beispiels 1 sieht eine derartige Spezifikation wie folgt aus:

  Objektverbindungen für Klasse Bestellung

  (1) Verbindung zu Lieferant
  Kardinalitäten: Bestellung 1 – Lieferant 0,m
  Beschreibung: Gibt an, welche Firma die bestellten Produkte liefern wird.

Bemerkung

Im Design werden Objektverbindungen durch spezielle Attribute realisiert (z.B. Zeiger bzw. Mengen oder Listen von Zeigern), die dann auch benannt und in das Modell aufgenommen werden. Dies ist der Grund dafür, daß Objektverbindungen innerhalb der Attributschicht entwickelt und dargestellt werden. Vorkehrungen zur Konsistenzsicherung, etwa das Zerstören der betroffenen Bestellungen, wenn ein bestimmtes Lieferantenobjekt nicht mehr existiert, werden ebenfalls erst bei Designschritten getroffen und gegebenenfalls an ein Datenbanksystem übertragen.

Bei ersten Analyseschritten ist es auch hier wieder angebracht, zu überlegen, inwieweit frühere Analysemodelle aus verwandten Problembereichen Hinweise auf benötigte Objektverbindungen geben können.

3.1.6 Identifizieren von Strukturen

Nachdem wir in den beiden vorangegangenen Abschnitten die in der Klassen- sowie in der Attributschicht des statischen Systemmodells verwendeten Konzepte dargestellt haben, erläutern wir in diesem und im nächsten Abschnitt die Modellierungskonstrukte der Strukturschicht.

In der objektorientierten Analyse werden zwei verschiedene Strukturen unterschieden. Zum einen *Vererbungsstrukturen*, mit denen es möglich wird, Basisklassen und von ihnen abgeleitete Klassen festzulegen; zum anderen *Aggregationsstrukturen*, die es gestatten, Objekte zu modellieren, die als Attributwerte wieder andere Objekte enthalten. Wir beschreiben als erstes die Vererbungsstrukturen, durch die auf einfache Weise die Unterschiede und Gemeinsamkeiten verwandter Klassen im Analysemodell dargestellt werden können.

Vererbungsstrukturen

Durch derartige Strukturen zeigen wir an, daß die Objekte einer Klasse (der *abgeleiteten* Klasse) Spezialfälle von Objekten einer anderen Klasse (der *Basisklasse*) sind: Großkunden sind spezielle Kunden, Vorratstanks sind spezielle Tanks, ICE-Züge sind spezielle Züge, Lebensversicherungsverträge sind spezielle Versicherungsverträge, Ver-

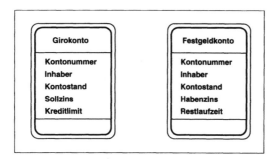

Abbildung 3.27: Klassen mit teilweise identischen Attributen

kaufstermine sind spezielle Termine, Temperatursensoren sind spezielle Sensoren usw.

Erste Hinweise für das Erkennen von Vererbungsstrukturen enthalten die bis zu diesem Zeitpunkt definierten Attribute. Werden Objekte, die verschiedenen Klassen angehören, teilweise durch die gleichen Eigenschaften charakterisiert, so deutet dies auf eine sinnvollerweise noch in das Modell aufzunehmende, allgemeinere Klasse hin. In diese Basisklasse werden dann diejenigen Attribute übernommen, die den ursprünglichen Klassen gemeinsam sind. Gibt es umgekehrt eine Klasse, die Attribute enthält, deren Werte nicht für alle ihre Klassenobjekte feststellbar sind, muß untersucht werden, ob die betreffenden Attribute besser in speziellere abgeleitete Klassen einzubringen sind.

Betrachtet man die Klassen Girokonto und Festgeldkonto in Abbildung 3.27, so fällt auf, daß die Attribute Kontonummer, Inhaber und Kontostand in beiden Klassen enthalten sind. Die Ableitung dieser zwei Klassen von einer gemeinsamen Basisklasse Konto, die zumindest diese Attribute enthält, liegt also nahe. Sind innerhalb des zu modellierenden Systems keine unspezifizierten Konten zulässig, so handelt es sich dabei um eine abstrakte Basisklasse ohne Objekte. Diesen Sachverhalt zeigt die Abbildung 3.28.

Attribute werden in einer Vererbungsstruktur immer „so hoch wie möglich" angesiedelt; damit soll ihre redundante mehrfache Aufnahme in verschiedene Klassen vermieden werden. Für die Objekte ihrer Klasse und für Objekte davon abgeleiteter Klassen müssen diese Attribute jedoch ausnahmslos definiert sein; die Attribute müssen also gleichzeitig „so tief wie nötig" stehen.

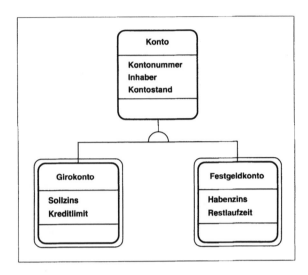

Abbildung 3.28: Vererbungsstruktur für Bankkonten

Die Objekte einer abgeleiteten Klasse *erben* alle Attribute, Objektverbindungen, Nachrichtenverbindungen und Methoden der Basisklasse
– sie sind damit auch Objekte ihrer Basisklasse, können und wissen
aber in der Regel mehr als deren Objekte. Das heißt überall, wo im
System ein Basisklassenobjekt erwartet wird, kann auch ein abgeleitetes Objekt benutzt werden: Alle Nachrichten an Basisklassenob-
jekte können auch von Objekten einer abgeleiteten Klasse bearbeitet
werden, ein abgeleitetes Objekt kann die Objektverbindungen seiner
Basisklasse verwenden, um selbst Nachrichten zu versenden usw.

Analog zu Klassen, die gemeinsame Attribute besitzen, sollten auch
diejenigen Klassen, deren Objekte identische Beziehungen – die ja zusammen mit den Attributen die Eigenschaften der Objekte definieren
– unterhalten, auf die Eignung hin untersucht werden, Gemeinsamkeiten durch Bildung von Basisklassen herauszuarbeiten.

Wir betrachten als Beispiel das Informationssystem einer Immobilienfirma,
das unter anderem verschiedene Termine verwaltet: Mitarbeiter treffen sich
mit Lieferanten (Bauherren, Bauträgern), die der Firma Einheiten (Gebäude,
Wohnungen) anbieten. Und weiterhin gibt es Kundentermine, bei denen sich
Firmenmitarbeiter mit Kunden, die sich für eine Einheit interessieren, treffen. Ein erster Analyseschritt habe die in Abbildung 3.29 gezeigten Klassen

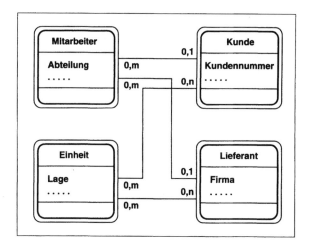

Abbildung 3.29: Klassen mit teilweise identischen Beziehungen

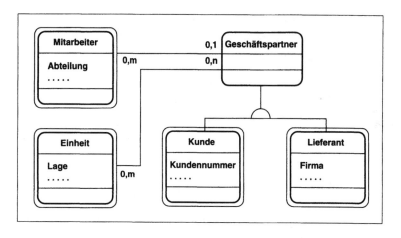

Abbildung 3.30: Vererbungsstruktur für Geschäftspartner

und Objektverbindungen zum Resultat gehabt. Leitet man nun Kunden und Lieferanten von einer Klasse „Geschäftspartner" ab, so können die Objektbeziehungen, wie in Abbildung 3.30 dargestellt, vereinfacht werden. Bei der Überprüfung dieser Objektbeziehungen stellt sich heraus, daß für die Terminplanung und -verwaltung eine Klasse „Termin" benötigt wird. Abbildung 3.31 zeigt, wie nun die verschiedenen Termine dokumentiert werden können. Die Klasse Geschäftspartner wurde hier abstrakt gewählt, da es keine Geschäftspartner gibt, die nicht eine der Rollen Kunde bzw. Lieferant annehmen. Bei

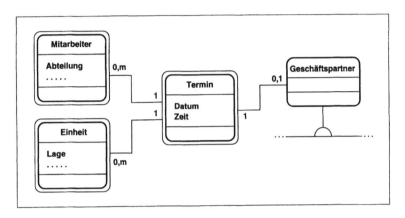

Abbildung 3.31: Terminplanung mit einer Ereignisklasse

weiteren Analyseschritten ist zu erwarten, daß in diese Basisklasse verschiedene gemeinsame Attribute, z.B. Name, Anschrift oder Telefonnummer, aus den abgeleiteten Klassen übertragen werden. Für die Verbindung zur Terminklasse wird im Design ein weiteres Attribut definiert.

Bei der Modellierung von Vererbungsstrukturen ist immer zu überlegen, ob eine Basisklasse *abstrakt* (es können dann keine Objekte dieser Klasse erzeugt werden) oder nicht abstrakt definiert wird. Die Entscheidung hängt davon ab, ob in der jeweiligen Anwendung Objekte der Basisklasse benötigt werden oder nicht.

Abbildung 3.32 zeigt ein Beispiel, in dem zwischen „normalen" Kunden und Großkunden unterschieden wird, wobei für Großkunden zusätzliche Merkmale – etwa besondere Liefertermine oder Rabatte – definiert werden. Bei den Versicherungsverträgen wurde eine abstrakte Basisklasse gewählt, weil es keinen Versicherungsvertrag „an sich" gibt, sondern nur Lebensversicherungsverträge, Krankenversicherungsverträge oder Unfallversicherungsverträge mit ihren jeweiligen Daten und Berechnungsmethoden.

Abstrakte Klassen können auf jeder Ebene einer Vererbungsstruktur eingesetzt werden; auch ihre Ableitung von einer nicht abstrakten Klasse kann sinnvoll sein. Ausgenommen ist lediglich die unterste Ebene – es gäbe dann keine konkreten Objekte mehr, die die hier definierten Eigenschaften und Operationen verwenden könnten.

Auch bei der Spezialisierung bereits gefundener Klassen können sich

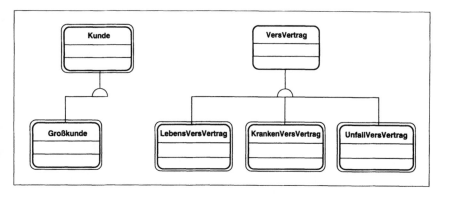

Abbildung 3.32: Abstrakte und nicht abstrakte Basisklassen

verschiedene Alternativen zur Abgrenzung der abgeleiteten Klassen
bezüglich ihrer Objekteigenschaften und -fähigkeiten ergeben.

Für eine Klasse „Lagerartikel" sind beispielsweise die folgenden Spezialisierungen (unter Umständen mehrfach auf verschiedenen Ebenen) denkbar:

festes Lagergut	—	flüssiges Lagergut
Fremdartikel	—	eigengefertigtes Teil
Gebinde	—	Schüttgut
unbedenkliches Gut	—	Gefahrgut
verderbliches Gut	—	unverderbliches Gut

Eine Entscheidung muß in solchen Fällen wieder direkt vor dem Hintergrund der Anforderungen an das zu entwickelnde System getroffen
werden.

In der objektorientierten Softwareentwicklung spricht man von *multipler Vererbung* oder *Mehrfachvererbung*, wenn eine abgeleitete Klasse, wie in Abbildung 3.33 gezeigt, von mehreren direkten Basisklassen
erbt. Entsprechend der anschaulichen Bedeutung versteht man dabei
unter einer *direkten* Basisklasse B einer von ihr abgeleiteten Klasse A,
daß es keine Klasse „zwischen" B und A gibt – also daß es keine Klasse
Z gibt, die von B abgeleitet ist, und die selbst wieder Basisklasse von
A ist.

Aus dieser Form der Vererbung resultieren leicht Konflikte durch
mehrdeutige Namen von Attributen oder Methoden. Falls der Pro-

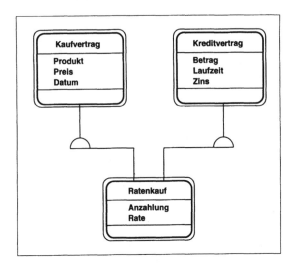

Abbildung 3.33: Multiple Vererbung mit zwei Basisklassen

duktpreis in der Kaufvertragklasse aus Abbildung 3.33 beispielsweise mit Betrag bezeichnet wird, enthält ein Ratenkaufobjekt zwei in der Regel verschiedene Beträge als Attribute, die denselben Namen tragen. Bei eigenständiger Klassenentwicklung kann man diese potentiellen Fehlerquellen durch sorgfältige Modellierung und entsprechende Dokumentation in den Klassenspezifikationen weitgehend vermeiden. Schwierigkeiten können jedoch auftreten, wenn Klassen aus Bibliotheken verwendet werden und man von diesen mittels Mehrfachvererbung neue Klassen ableitet.

Die Klasse Kreditvertrag des letzten Beispiels könnte etwa eine Bibliotheksklasse sein und ein internes (daher nicht dokumentiertes und für Klassenbenutzer nicht zugreifbares) Attribut Datum enthalten, das mit der Laufzeit zusammenhängt. Diese Mehrdeutigkeit ist dann für Entwickler beim separaten Testen der wiederverwendeten Klasse nicht feststellbar und bei der Implementierung der Ratenkaufklasse je nach Programmierumgebung mehr oder weniger leicht zu entdecken bzw. aufzulösen.

Das Konzept der Mehrfachvererbung wird nicht von allen objektorientierten Programmiersprachen unterstützt – Objective-C und Smalltalk kennen beispielsweise nur einfache Vererbungshierarchien. Erste (eher negative) Erfahrungsberichte über den Einsatz multipler Vererbung bei konkreten, objektorientierten Anwendungsentwicklungen findet man z.B. in Love (1993). Daß der Einsatz mehrerer direkter Basisklassen in der Praxis aber sehr sinnvoll sein kann, zeigt das in Abbildung 5.4, S. 177 im Zusammenhang mit dem Design der Datenmanagementkomponente entwickelte Beispiel. Vorschläge zur Umwandlung von multiplen Vererbungsstrukturen in einfache Ableitungen („Workarounds") findet man beispielsweise in Rumbaugh et al. (1991) und Coad und Yourdon (1991b). Nach der Behandlung der Aggregationsstrukturen werden wir zwei derartige Alternativen zur oben beschriebenen, durch mehrfache Vererbung konstruierten Ratenkaufklasse vorstellen.

Die Überprüfung von Vererbungsstrukturen

Zur Überprüfung der in einem bestimmten Analyseschritt identifizierten Ableitungen kann man folgendermaßen vorgehen. Man stellt sich für jede der betroffenen Basisklassen die Fragen:

- Welche Spezialisierungen der Klasse existieren *im Problembereich*?

- Werden diese spezielleren Klassen im Rahmen der *Systemverantwortlichkeit* benötigt? Falls ja, sind sie im Modell enthalten?

- Erfüllen die abgeleiteten Klassen die Anforderungen, die generell an in das Modell aufzunehmende Klassen gestellt werden? (Vgl. den *Kriterienkatalog* auf den Seiten 60–63.)
  Sind insbesondere für alle geerbten Attribute in allen Objekten abgeleiteter Klassen Werte feststellbar und können alle geerbten Methoden sinnvoll ausgeführt werden?

In Verbindung mit der letzten Frage können Überarbeitungen der Attribut- oder Methodenschicht erforderlich werden, bei denen etwa ein Attribut aus einer Basisklasse in eine abgeleitete Klasse verlagert wird. Nach einer Empfehlung von Coad und Yourdon (1991b) kann man an dieser Stelle auch prüfen, ob für eine Basisklasse B und eine von ihr abgeleitete Klasse A der laut gesprochene Satz „Ein A ist ein/eine B." sinnvoll klingt.

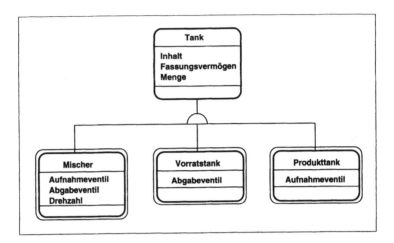

Abbildung 3.34: Vererbungsstruktur für Tanks

Auf ähnliche Weise ist es möglich, einen Fragenkatalog zusammen-
zustellen, der – aus Sicht aller neu abgeleiteten Klassen – potentielle
Generalisierungen in Problembereich und Systemverantwortlichkeit
untersucht.

Grundsätzlich ist auch hier, wie bei jeder Analysetätigkeit, die Wiederverwendbarkeit von Ergebnissen früherer Systemanalysen in verwandten Problembereichen und darüber hinaus die Übernahme von
Klassen aus Klassenbibliotheken unter Anpassung an die speziellen
Systemanforderungen mittels Ableitung zu erwägen.

Spezifikationen für Vererbungsstrukturen

In den zu jedem Analysemodell gehörenden Klassenspezifikationen
werden auch Vererbungsstrukturen kurz mit den *Namen* der beteiligten Klassen und mit einer verbalen, problembereichsbezogenen *Beschreibung* dokumentiert.

Wir greifen nochmals Beispiel 2 auf und leiten für die Tankklassen aufgrund
der bisherigen Überlegungen die in Abbildung 3.34 dargestellte Hierarchie ab.

Die Klassen Spültank und Abwassertank sind nicht mehr im Modell enthalten.
Sie treten zwar im Problembereich auf, sind für die Arbeit des Systems aber
nicht erforderlich, da sie genau dieselben Eigenschaften wie ein Vorratstank

bzw. ein Produkttank aufweisen. Die Ventil-Attribute der abgeleiteten Tank-klassen haben hier jeweils „geöffnet" und „geschlossen" als mögliche Werte; das zusätzliche Mischer-Attribut gibt die Drehzahl seiner Rühreinrichtungen an. Zur Vereinfachung nehmen wir an, daß die Tanks vertikal, wie in Abbildung 3.8 gezeigt, verbunden sind, so daß wir auf die Modellierung von Pumpen verzichten können.

In der Klasse Tank kann der Verweis auf die Vererbungsstruktur die folgende Form erhalten:

Klasse Tank

Beschreibung: Stellt die Generalisierung eines Behälters zur Aufbewahrung von Flüssigkeiten dar. Mögliche Spezialisierungen sind Mischer, Vorratstank und Produkttank.

Die Kurzbeschreibung eines Vorratstanks ist:

Klasse Vorratstank

Beschreibung: Ist ein Spezialfall eines Tanks, der über sein Abgabeventil und eine Leitung mit dem Aufnahmeventil eines Mischers verbunden ist.

Und für einen Produkttank notiert man:

Klasse Produkttank

Beschreibung: Ist ein Spezialfall eines Tanks, der über sein Aufnahmeventil und eine Leitung mit dem Abgabeventil eines Mischers verbunden ist.

Aggregationsstrukturen

Dies sind Strukturen, die veranschaulichen, daß ein Objekt oder mehrere Objekte (die *Teile*) in einem anderen Objekt (der *Gesamtheit*) enthalten sind. Die Objekte sind sinngemäß mit einer „*HAS-A*"-Beziehung oder umgekehrt, aus Sicht eines Teils, mit einer „*IS-PART-OF*"-Beziehung, wie sie aus dem ER-Ansatz bekannt sind, verbunden: Eine ICE-Lok hat sechs Motoren, ein Geldautomat enthält bis zu 4000 Geldscheine und beliebig viele Kreditkarten, eine wissenschaftliche Gesellschaft besteht aus ihren Mitgliedern, ein Liniensegment gehört zur Fahrroute einer Buslinie, eine Workstation hat ein Netzteil usw.

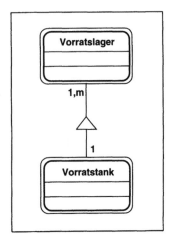

Abbildung 3.35: Eine physisch existente Gesamtheit-Teil-Struktur

Bei der Systementwicklung treten drei Typen von Aggregationsstrukturen immer wieder auf, die wir an Beispielen veranschaulichen werden.

1. Die *physisch existente* Gesamtheit-Teil-Struktur.

   Ein Objekt der Aggregationsklasse *besteht* hier physisch aus den Teilobjekten; wenn man ein oder mehrere Teilobjekte entfernt, ist die Gesamtheit kein komplettes, funktionsfähiges Objekt mehr.

   In Beispiel 2 fassen wir sämtliche Produkttanks zu einem Produktlager und alle Vorratstanks zu einem Vorratslager zusammen, wie in Abbildung 3.35 gezeigt.

   Als Kardinalitäten kommen für die Teile bei dieser Strukturart nur 0,1 oder 1 in Frage, da ein Teil zu einem bestimmten Zeitpunkt physisch nur in einer Gesamtheit enthalten sein kann. Ebenso typisch ist die Angabe 1,m bei dem Vorratslagerobjekt; ohne mindestens einen Tank wäre es kein Lager mehr.

2. Die *Container-Inhalt*-Struktur. Ein Objekt der Gesamtheit *enthält* hier kein, ein oder mehrere Teilobjekte. Die Struktur ist „flüchtiger" als eine physisch existente Aggregationsstruktur, da die Anzahl der Teile variieren kann, ohne daß die Gesamtheit dadurch als vollwertiges Objekt beeinträchtigt würde. Die Teilezahl kann

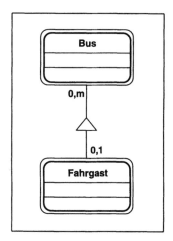

Abbildung 3.36: Eine Container-Inhalt-Struktur

Null werden, und der Container kann zu einem späteren Zeitpunkt wieder „aufgefüllt" werden. Abbildung 3.36 zeigt ein Beispiel mit den entsprechenden Kardinalitäten. Die Systemverantwortlichkeit kann die Aufnahme zusätzlicher Attribute in das
Container-Objekt erfordern, um die Inhaltsobjekte zu charakterisieren, die sich jeweils aktuell im Container befinden. Im Beispiel
kann etwa ein Attribut AnzahlFahrgäste sinnvoll sein.

3. Die *konzeptionelle* Gesamtheit-Teil-Struktur.
Dieser Strukturtyp wird auch als Gruppierung-Mitglied-Struktur
bezeichnet; er ist stabiler als eine Aggregation mit wechseln-
den Inhalten. Der Hauptunterschied zur physisch existenten
Gesamtheit-Teil-Struktur ist, daß die Teile hier nur „auf dem
Papier", in Plänen, Beschreibungen, Formularen, Programmen
usw. zur Gesamtheit gehören. Dies bedeutet insbesondere, daß
ein Teilobjekt gleichzeitig in mehreren verschiedenen Aggregati-
onsobjekten enthalten sein kann. In Abbildung 3.37 sind zwei
Strukturen dieses Typs für Beispiel 1 (links) und Beispiel 2 dargestellt. Die Attribute Positionen bzw. Bestandteile (vgl. die Abbildungen 3.19 und 3.20) können damit aus den bisherigen Modellen entfernt werden.

Ähnlich wie Objektbeziehungen werden Aggregationsstrukturen bei

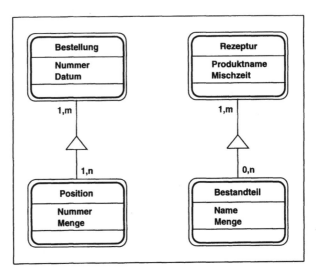

Abbildung 3.37: Konzeptionelle Gesamtheit-Teil-Strukturen

der Implementierung durch Mengen, Listen oder Felder von Zeigern codiert. Und es kann Fälle geben, in denen es nicht offensichtlich ist, ob ein Sachverhalt besser mit einer Objektbeziehung oder mit einer Aggregationsstruktur dargestellt wird. Immer dann, wenn für eine Aggregationsklasse A und eine Teilklasse T ein Satz der Art „Ein T ist Teil eines As.", „Ein A enthält eine T." oder „Ein T befindet sich in einer A." laut gesprochen sinnvoll erscheint, dient es unseres Erachtens der Klarheit und Verständlichkeit des Analysemodells, wenn man sich für eine Gesamtheit-Teil-Struktur entscheidet.

Müssen die Teile eines Aggregationsobjekts geordnet werden, so kann dies, wie bei geordneten Objektverbindungen, im statischen Modell vermerkt werden. Wir haben in Abbildung 3.38 angedeutet, daß die Tanks, aus denen ein Lager besteht, numeriert sind.

Bemerkung

Ein Aggregationsobjekt weiß immer, aus welchen Teilen es besteht; für das Funktionieren des Systems ist es aber nicht notwendigerweise wichtig, daß auch Teilobjekte wissen, in welcher Gesamtheit sie enthalten sind. In unseren Beispielen führt dies dazu, daß man im Design die Kardinalitätsangaben 1,n bzw. 0,n bei den Klassen Position und Bestandteil entfernt.

Die Überprüfung von Aggregationsstrukturen

Bei der Überprüfung von Aggregationsstrukturen stellt man ähnliche Überlegungen wie im Zusammenhang mit Vererbungsstrukturen an. Folgende Fragen (vergleichbare Listen findet man in Coad und Yourdon (1991a) oder Rumbaugh et al. (1991)) sind für jede Aggregationsklasse zu untersuchen:

- In welche Teile kann die Klasse *im Problembereich* zerlegt werden?

- Werden diese Komponenten innerhalb der *Systemverantwortlichkeit* benötigt? Falls ja, sind sie im Modell enthalten?

- Erfüllen die Teilklassen die Anforderungen, die generell an in das Modell aufzunehmende Klassen gestellt werden? (Vgl. den *Kriterienkatalog* auf den Seiten 60–63.)
  Haben die Teile keine ihrer Aufgaben an die Gesamtheit abgetreten?

Mit der letzten Frage soll die Bildung einer zentral steuernden Klasse (im Sinne der Top-Down-Entwicklung) unterbunden werden. Unter Umständen sind hier Überarbeitungen der Methoden- oder Attributschicht erforderlich, mit dem Ziel, Methoden und die von ihnen manipulierten Attribute aus der Gesamtheit in die Teile zurück zu verlagern, um möglichst „selbständige" Teilobjekte zu erzeugen.

Auch aus der Sicht neuer Teilklassen kann man analog einen Fragenkatalog zur Überprüfung von Aggregationsklassen im Hinblick auf Problembereich und Systemverantwortlichkeit zusammenstellen.

Neben der – wie immer grundsätzlich sinnvollen – Betrachtung früherer Analyseresultate in bezug auf Wiederverwendbarkeit von Strukturen ist hier besonders die Einbringung fertiger Klassen aus Klassenbibliotheken als Teil neu konstruierter Aggregationen zu erwägen. Diese Art der Wiederverwendung wird als *Delegation* bezeichnet; die Gesamtheit kann dabei eine von ihr empfangene Nachricht zur Bearbeitung an ein geeignetes Teilobjekt weiterversenden.

Spezifikationen für Aggregationsstrukturen

Bei der Dokumentation des Modells nimmt man die Beschreibung von Gesamtheit-Teil-Strukturen immer in die Spezifikation der Aggregationsklasse auf, da es sich bei den Teilen um besondere, klassenwertige Attribute handelt. Hier sind die *Namen* der Teilklassen, die zugehörigen *Kardinalitäten*, der *Typ* der Struktur und eine *Kurzbeschreibung*, die die Struktur in den Problembereich einordnet, aufzuführen.

Für die Klasse Bestellung aus Beispiel 1 notieren wir das Folgende:

> Teilklassen für Klasse Bestellung
>
> (1) Teil Position
> Kardinalitäten: Bestellung 1,m – Position 1,n
> Typ: konzeptionelle Gesamtheit-Teil-Struktur
> Beschreibung: Dient zur Angabe der von jedem Produkttyp bestellten Mengen sowie der zugehörigen Rechnungsbeträge.

Weitere Details, die etwa die Zugriffsrechte auf Teile (direkt oder nur über Methoden der Aggregationsklasse) oder Abhängigkeiten der Gesamtheit von ihren Teilen betreffen, können wieder im Design ergänzt werden.

Zusammengesetzte Strukturen

Im Normalfall werden die Klassen eines Analysemodells durch Kombinationen verschiedener Strukturen sowie durch Objekt- und Nachrichtenverbindungen miteinander verknüpft. In Abbildung 3.38 ist eine solche *zusammengesetzte* Struktur dargestellt, die die bereits in den Abbildungen 3.34 und 3.35 für Beispiel 2 gezeigten Strukturen kombiniert und um die Ableitung der Klassen Vorratslager und Produktlager von einer gemeinsamen (abstrakten) Basisklasse Lager erweitert. Folgt man hier der Konvention, Strukturverbindungen an den Klassenober- und unterkanten und Objektbeziehungen seitlich einzuzeichnen, bleiben auch solche komplexeren Diagramme verständlich.

Das oben angesprochene Problem, eine Mehrfachvererbung in eine einfache Ableitung umzuwandeln, kann gelöst werden, indem man ei-

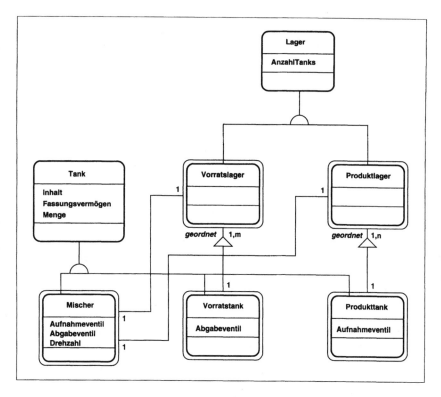

Abbildung 3.38: Eine zusammengesetzte Struktur

ne zusammengesetzte Struktur verwendet. Rumbaugh et al. (1991) empfehlen, die Basisklassen zu untersuchen und die für das System „wichtigste" Klasse als Basisklasse beizubehalten. Die anderen Basisklassen werden dann als (konzeptionelle) Teile der abgeleiteten Klasse modelliert. Auf der linken Seite von Abbildung 3.39 ist ein mögliches Resultat für das Beispiel der Ratenverträge aus Abbildung 3.33 wiedergegeben. Gibt es keine klar herausragende Basisklasse, verwendet man – wie in Abbildung 3.39 rechts gezeigt – alle Basisklassen als Teile der ursprünglich abgeleiteten Klasse. In beiden Fällen wird der gewünschte Zugriff auf Eigenschaften und Methoden der Klassen Kaufvertrag und Kreditvertrag ermöglicht, ohne daß deren Definition betroffen ist.

Ob, wie im Beispiel, die Veränderung der Semantik vertretbar ist (hier wird „Ein Ratenkaufvertrag ist ein spezieller Kaufvertrag" zu „Ein Ra-

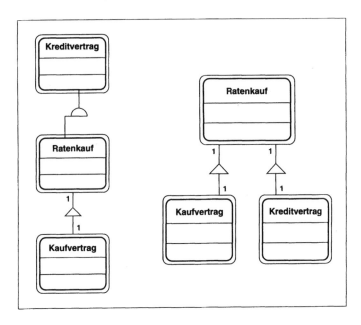

Abbildung 3.39: Alternative Auflösungen einer Mehrfachvererbung

tenkaufvertrag beinhaltet einen Kaufvertrag"), muß problembereichsbezogen entschieden werden.

3.1.7 Identifizieren von Methoden und Nachrichtenver-
bindungen

Sämtliche Aktivitäten eines objektorientiert entwickelten Systems basieren auf der Kommunikation der existierenden Objekte untereinander: Mittels Nachrichtenversand informiert ein Objekt andere Objekte darüber, daß es ihre Dienste in Anspruch nehmen muß, um
seine eigenen Aufgaben wahrnehmen zu können. Details über Methoden, Nachrichtenverbindungen und die Reihenfolge des Nachrichtenversands werden – wie zu Anfang dieses Abschnitts erläutert – erst
im funktionalen und im dynamischen Systemmodell festgelegt. Bei
der Erstellung des statischen Modells können jedoch bereits erkannte
Grundfunktionalitäten und ihre Zusammenhänge modelliert werden.
Ein wesentliches Merkmal des objektorientierten Ansatzes ist ja gerade, daß während der gesamten Entwicklungszeit die Implementations-

details der Methoden einer Klasse geändert werden können, ohne daß dies, bei Wahrung des Geheimnisprinzips und Verwendung polymorpher Aufrufe, die Objekte anderer Klassen oder Systemtestprogramme berührt.

Die Methoden einer Klasse werden durch den Eintrag eines aus dem Problembereich gewählten Methodennamens im unteren Drittel des Klassensymbols dargestellt. Dabei unterscheidet man grundsätzlich zwei Gruppen von Methoden; die *implizit* im Modell enthaltenen *Standard*methoden und die *explizit* zu definierenden Methoden.

Implizit sind in jeder Klasse des Modells jeweils die folgenden Methoden enthalten:

- *Konstruktorfunktionen*, mit denen man die Objekte einer Klasse erzeugen und initialisieren (d.h. ihre Attribute mit gewünschten Startwerten oder mit Standardwerten versehen) kann und *Destruktorfunktionen*, die Objekte einer Klasse, ihre Objektverbindungen und gegebenenfalls die in ihnen enthaltenen Teilobjekte löschen.

  Die Klasse Vorratslager aus Beispiel 2 enthält somit implizit zwei Funktionen, die wir mit erzeugeVorratslager bzw. löscheVorratslager bezeichnen.

- *Zugriffsfunktionen*, die zum Anzeigen oder Verändern der Attributwerte eines Objekts aufgerufen werden.

  Ein Vorratslager ist ein spezielles Lager (siehe Abbildung 3.38) und erbt damit sowohl dessen Attribut AnzahlTanks als auch zwei weitere Funktionen, die wir mit gibAnzahlTanks bzw. setzeAnzahlTanks bezeichnen.

- *Verbindungsfunktionen*, mit denen Objektbeziehungen oder Verbindungen zwischen einem Objekt und seinen Teilen aufgebaut, angezeigt und wieder gelöst werden können.

  In Beispiel 2 enthält die Vorratslagerklasse weiterhin implizit die Funktionen verbindeMitMischer, zeigeMischer, löseVerbindungZuMischer, verbindeMitVorratstank, zeigeVorratstanks und löseVerbindungZuVorratstank.

Die impliziten Funktionen werden in der Methodenschicht eines Analysemodells in der Regel nicht dargestellt, um dieses möglichst überschaubar zu halten; auch in die Klassenspezifikationen nimmt man sie nicht auf, da sie alle identisch strukturiert sind und es keine nennenswerte Algorithmik gibt. Im Design kann darüber hinaus entschieden werden, einige der impliziten Methoden gar nicht zu implementieren, da es sich bei bestimmten Attributen (etwa der AnzahlTanks aus Beispiel 2) um Konstanten handelt, deren Werte nur gelesen, nach der Initialisierung aber nicht mehr verändert werden dürfen. Daß jedes in ein Analysemodell aufgenommene Attribut die Existenz von zwei Zugriffsfunktionen impliziert, bedeutet umgekehrt, daß in der Attributschicht nur das über die öffentliche Klassenschnittstelle zugreifbare Wissen über Objekte und ihre Zustände abgebildet wird.

Bei den explizit zu definierenden Methoden handelt es sich überwiegend um Funktionen, die aufgrund der Attributausprägungen des Objekts für das sie aufgerufen werden, einen Funktionswert berechnen. Unter Umständen setzt diese Berechnung den Aufruf weiterer impliziter oder expliziter Methoden anderer Klassen oder auch derselben Klasse voraus. Im Fall von Klassen, die zur Schnittstelle des Systems zur Realwelt gehören oder zur Kommunikation mit anderen Systemen vorgesehen sind, werden auch Methoden definiert, die auf Benutzereingaben oder Nachrichten externer Systeme warten und dann die entsprechende Verarbeitung veranlassen oder selbst eine Nachricht in einem „Mailbox"-Objekt ablegen. Systemanalytiker können sich daher einen ersten Überblick über benötigte Methoden verschaffen, indem sie für jede Klasse den folgenden Fragen nachgehen:

- Wie können die Klassenobjekte zur Gewinnung und Speicherung der für das Gesamtsystem wichtigen Informationen beitragen?

- Welche Berechnungen sollten die Klassenobjekte zur Informationsverarbeitung und -analyse im geplanten System bereitstellen?

- Gibt es Überwachungs- oder Kommunikationsaufgaben, die die Klassenobjekte in bezug auf externe Systeme oder Benutzer wahrnehmen müssen, damit die Zusammenarbeit mit diesen anderen Systemen gewährleistet ist?

Abbildung 3.40: Ein Vorratslager und seine Methoden

Kurz gesagt, ist zur Methodenidentifikation für jede Klasse X die Frage „Was *kann* ein X-Objekt?" zu beantworten.

In Abbildung 3.40 zeigen wir die Klasse Vorratslager mit zwei expliziten Methoden „zeigeZustand" und „vorratAusreichend". „zeigeZustand" gibt die aktuellen Inhalte und Füllmengen der zu dem Vorratslager gehörenden Tanks an und ruft dazu selbst deren (implizite) Zugriffsfunktionen „gibInhalt" und „gibMenge" auf. „vorratAusreichend" stellt fest, ob im Vorratslager die zur Herstellung eines Rezepturobjekts benötigten Bestandteile vorhanden sind. (Weiterhin enthält die Klasse die zehn oben genannten impliziten Methoden.)

Verschiedene Methoden können von Objekten selbständig aktiviert werden, z.b. um periodisch zu bestimmten Zeitpunkten externe Systeme bzw. Eingabe- oder Meßgeräte zu kontrollieren. In den meisten Fällen wird die Ausführung einer Methode jedoch durch die Nachricht eines Senderobjekts angefordert – derartige Anforderungen stellen wir durch Nachrichtenverbindungen dar. Ein Beispiel liefert die Abbildung 3.41.

Hier ist dargestellt, daß ein Bestellungsobjekt aus Beispiel 1, um seinen Gesamtbetrag berechnen zu können, eine Nachricht mit dem Inhalt „berechneBetrag" an alle seine Positionen versendet. Von den erhaltenen Beträgen zieht die Bestellung vor der Addition zum Gesamtbetrag jeweils den Rabatt des Lieferanten ab.

Es ist Konvention, Nachrichtenverbindungen, die den Aufruf einer impliziten Methode bezwecken, nicht in das Modell aufzunehmen. Im Beispiel betrifft dies den Aufruf der Funktion gibRabatt durch die Bestellung und den Aufruf von gibPreis durch eine Position. Entscheidet man sich dennoch für die Aufnahme, z.B. um einen bestimmten Kom-

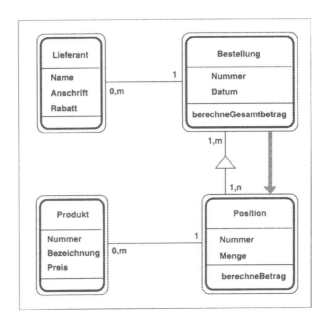

Abbildung 3.41: Beispiel 1 mit Klassen-, Attribut-, Struktur- und Methodenschicht

munikationsweg besonders hervorzuheben, so sind auch die Namen der betroffenen impliziten Methoden in ihr Klassensymbol einzutragen. Eine Ausnahme bilden Konstruktoren: Endet eine Verbindung an der Klasse, so wird damit immer die Erzeugung neuer Objekte bezweckt, und der Eintrag des Konstruktornamens erübrigt sich.

Bemerkung

Im letzten Beispiel wird an der Objektbeziehung zwischen einer Position und dem zugehörigen Produkt klar, daß es – ähnlich wie bei physischen und konzeptionellen Aggregationsstrukturen – Produkt-Positionsbeziehungen geben kann, bei denen ein Produktobjekt für ein bestimmtes physisches Produkt, z.B. die WD-Festplatte mit der Seriennummer 00164-93312767, steht, das dann durch eine Eins-zu-Eins-Beziehung mit einer Bestellposition verbunden ist. Alternativ kann unter einem Produkt auch ein bestimmter Objekt*typ*, z.B. WD-Festplatte, SCSI-2, 3.5", 1200MB, Produktnummer WD12S2, verstanden werden, der dann – wie in unserem Modell – konzeptionell mit verschiedenen Bestellpositionen unterschiedlicher Bestellungen verbunden sein kann.

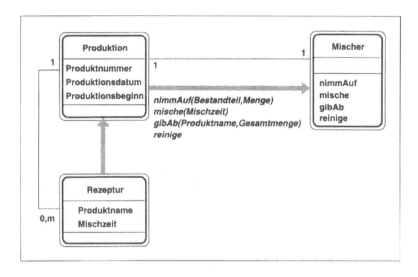

Abbildung 3.42: Eine beschriftete Nachrichtenverbindung

Jede Nachrichtenverbindung repräsentiert mit ihrem Pfeil vom Senderobjekt zum Empfänger neben der angeforderten Empfängermethode auch immer etwaige versandte Argumente, die meist Attributwerte des Senders oder Namen anderer Objekte sind, bzw. ein vom Empfängerobjekt ermitteltes Resultat. Die Rückgabe eines Funktionswerts wird also nicht durch einen weiteren „umgekehrten" Pfeil angezeigt.

Wie Objektverbindungen können auch Nachrichtenverbindungen beschriftet werden, wenn es sinnvoll erscheint, unterschiedliche, über dieselbe Verbindung versandte Nachrichten aufzuzählen.

In Abbildung 3.42 haben wir dies für den Nachrichtenversand zwischen den Klassen Rezeptur, Produktion und Mischer aus Beispiel 2 getan. Hier ist dargestellt, wie eine Rezeptur ihre Produktion durch Erzeugung eines Produktionsobjekts – das die Methoden „nimmAuf", „mische", „gibAb" und „reinige" des Mischers benötigt – vornimmt. Zusätzlich zu den Methodennamen sind die Argumente der entsprechenden Funktionsaufrufe mit angegeben. Den Abbildungen 3.37 und 3.38 kann man entnehmen, wie sich eine Rezeptur aus Bestandteilen zusammensetzt und wie ein Mischer mit seinen Vorrats- und Produkttanks verbunden ist. Die Objektverbindung zwischen einem Produktionsobjekt und seiner Rezeptur wird bei dessen Konstruktion erzeugt.

An Abbildung 3.42 kann man erkennen, daß das statische Modell auf diese Weise leicht überfrachtet werden kann; in der Regel wird es nicht erforderlich sein, Nachrichtenverbindungen zu beschriften, da diese in den Klassenspezifikationen dokumentiert werden. Um Kommunikationsabläufe zu beschreiben und den Bezug zu den Spezifikationen herzustellen, kann man zentrale Nachrichtenverbindungen numerieren, wie es für das Beispiel 2 in Abbildung 3.44 (Seite 107) gezeigt ist.

Zur Identifikation der Hauptnachrichtenverbindungen des statischen Modells stellt man sich für ein Objekt jeder Klasse die Frage:

- Benötigt das Objekt, um seine eigenen Aufgaben erfüllen zu können, die Dienste anderer Objekte? Falls ja, sind die anderen Objekte als Empfänger einer Nachricht erreichbar?

Umgekehrt können die Objekte dahingehend betrachtet werden, welche Methoden ihre Klasse enthält, die für andere Objekte wichtig sind. Und weiterhin sind auch hier wieder die Analysemodelle ähnlicher Probleme bezüglich der dort modellierten Nachrichtenverbindungen zu untersuchen. Im Zusammenhang mit der Frage der Erreichbarkeit wird möglicherweise die Definition weiterer Objektverbindungen erforderlich.

Sofern man bestimmte Methoden und Nachrichtenverbindungen schon vor der Modellierung der dynamischen und der funktionalen Sicht in die Analysediagramme aufnimmt, müssen für diese Kurzbeschreibungen in die Klassenspezifikationen eingetragen werden, die später überprüft und erweitert werden.

Spezifikationen für Methoden und Nachrichtenverbindungen

Methoden dokumentieren wir mit ihrem *Namen*, den Typen und Namen ihrer *Argumente*, dem Typ des *Funktionswerts* und einer verbalen *Beschreibung* der zu übernehmenden Berechnungen oder Aufgaben.

Für die Klasse Bestellung aus Beispiel 1 kann ein solcher Eintrag die folgende Form haben:

Methoden für Klasse Bestellung

(1) berechneGesamtbetrag

Argumente: keine

Funktionswert: Gleitpunktzahl

Beschreibung: Sendet die Nachricht „gibRabatt" an den Lieferanten. Sendet die Nachricht „berechneBetrag" an jede Position und summiert die um den Rabatt verminderten Beträge auf.

Die Spezifikation der Nachrichtenverbindungen nehmen wir jeweils in der Klasse der Senderobjekte vor. Hier sind der *Name* des Empfängers, die *benötigte Methode*, die Typen und Namen zu übertragender *Argumente*, der Typ des *Funktionswerts* und eine *Kurzbeschreibung* in der Problembereichsterminologie anzugeben. Zum Beispiel

Nachrichtenverbindungen für Klasse Bestellung

(1) Verbindung zu Position

benötigte Methode: berechneBetrag

Argumente: keine

Funktionswert: Gleitpunktzahl

Beschreibung: Ist die Anforderung einer Bestellung an eine ihrer Positionen, das Produkt aus Menge und Produktpreis zu liefern.

Bemerkung

Endet eine Nachrichtenverbindung an einer abstrakten Basisklasse, so handelt es sich um einen polymorphen Methodenaufruf. In Abbildung 3.43 haben wir das Beispiel aus Abbildung 3.28 nochmals aufgegriffen, wobei für die Methode berechneZins in beiden abgeleiteten Klassen spezielle Versionen für Belastungen bzw. Gutschriften definiert sind. Ein Buchungsobjekt sendet hier die Aufforderung zur Zinsberechnung an die Klasse Konto, die Basisklasse konkreter Giro- oder Festgeldkontoobjekte ist und diese Nachricht an den entsprechenden Empfänger weiterleitet.

Umgekehrt können Objekte ihre Basisklasse auch zum Nachrichtenversand benutzen. Bei dem Terminplanungsbeispiel aus Abbildung 3.31 können etwa sowohl Lieferanten als auch Kunden über die Ob-

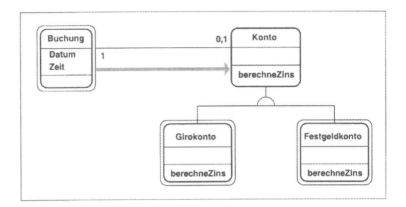

Abbildung 3.43: Empfang polymorpher Nachrichten

jektverbindung der Geschäftspartnerklasse Nachrichten verlege, streiche
usw. an Terminobjekte versenden.

Die Mechanismen, die zur Übermittlung einer Nachricht an ihren
Empfänger verwendet werden, können je nach verwendeter Programmierumgebung unterschiedlich sein. Mit den Problemen, die sich
ergeben, wenn ein Gesamtsystem auf mehrere Hardwareplattformen
verteilt ist, und mit der Definition eines Standards zum sprach- und
betriebssystemunabhängigen Nachrichtenversand befaßt sich die Object Management Group. Wichtige aktuelle Dokumente sind OMG
(1995a–c).

3.1.8 Die Klassenspezifikation

Als inhaltliche Ergänzung zu den Diagrammen des statischen Modells
ist für jede Klasse die bereits mehrfach behandelte *Klassenspezifikation* anzufertigen. Hierbei kann die folgende Schablone eingesetzt
werden:

```
Klasse < Name, Spezialisierungen, Generalisierungen,
    Beschreibung >

Teil < Name, Kardinalitäten, Strukturtyp, Beschreibung >
```

```
Teil ...
Teil ...

Attribut < Name, Datentyp, Beschreibung >
Attribut ...
Attribut ...

Objektverbindung < Beteiligtes Objekt, Kardinalitäten,
    Beschreibung >
Objektverbindung ...
Objektverbindung ...

Methode < Name, Argumente (Name/Datentyp), Funktionswert,
    Beschreibung >
Methode ...
Methode ...

Nachrichtenverbindung < Beteiligtes Objekt, Methode,
    Argumente (Name/Datentyp), Funktionswert, Beschreibung >
Nachrichtenverbindung ...
Nachrichtenverbindung ...
```

Dieser Vorschlag sollte nur als Minimalgerüst einer Klassenbeschreibung verstanden werden, das bei späteren Design- und erneuten Analyseschritten durch Anmerkungen, Dokumente, Abbildungen usw. nahezu beliebig ausgefüllt und erweitert werden kann. Insbesondere die Klassenmethoden sind mit den Szenarios und Ereignisfolgediagrammen des dynamischen Modells (siehe Abschnitt 3.2) im Hinblick auf ihr Zusammenwirken und durch Struktogramme oder Pseudocode aus dem funktionalen Modell (siehe Abschnitt 3.3) bezüglich ihrer Algorithmik detaillierter zu beschreiben. Ein geeignetes CASE-Tool wird die Klassenspezifikationen so weit wie möglich aus dem statischen Modell vorbereiten und Namen, Kardinalitäten und beteiligte Objekte bereits eintragen, so daß als Detailarbeit noch die Kurzbeschreibungen, Argumente und Funktionswerte zu vervollständigen sind (vgl. hierzu Kapitel 6).

Auf den nächsten Seiten geben wir für die Klassen aus Beispiel 1 eine kurze Spezifikation an, die der obigen Schablone entspricht. Abbildung 3.41 zeigt das zugehörige Diagramm.

Klasse Bestellung

Beschreibung: Gibt bei einem Lieferanten die Lieferung von Produkten in Auftrag.

Teilklassen für Klasse Bestellung

(1) Teil Position
Kardinalitäten: Bestellung 1,m – Position 1,n
Typ: konzeptionelle Gesamtheit-Teil-Struktur
Beschreibung: Dient zur Angabe der von jedem Produkttyp bestellten Menge sowie des zugehörigen Rechnungsbetrags.

Attribute für Klasse Bestellung

(1) Nummer
Datentyp: ganze Zahl
Beschreibung: Dient zur Identifizierung der verschiedenen Bestellungen.

(2) Datum
Datentyp: Datum
Beschreibung: Gibt an, wann eine Bestellung versandt wird.

Objektverbindungen für Klasse Bestellung

(1) Verbindung zu Lieferant
Kardinalitäten: Bestellung 1 – Lieferant 0,m
Beschreibung: Gibt an, welche Firma die bestellten Produkte liefern wird.

Methoden für Klasse Bestellung

(1) berechneGesamtbetrag
Argumente: keine
Funktionswert: Gleitpunktzahl
Beschreibung: Sendet die Nachricht „gibRabatt" an den Lieferanten. Sendet die Nachricht „berechneBetrag" an jede Position und summiert die um den Rabatt verminderten Beträge auf.

Nachrichtenverbindungen für Klasse Bestellung

(1) Verbindung zu Position

benötigte Methode: berechneBetrag

Argumente: keine

Funktionswert: Gleitpunktzahl

Beschreibung: Ist die Anforderung einer Bestellung an eine ihrer Positionen, das Produkt aus Menge und Produktpreis zu liefern.

Klasse Lieferant

Beschreibung: Firma, die zur Bestellung von Produkten in Frage kommt.

Attribute für Klasse Lieferant

(1) Name

Datentyp: Zeichenkette

Beschreibung: Dient zur Identifizierung der verschiedenen Lieferfirmen.

(2) Anschrift

Datentyp: Zeichenkette

Beschreibung: Gibt an, wohin eine Bestellung zu senden ist.

(3) Rabatt

Datentyp: ganze Zahl

Beschreibung: Gibt an, um wieviel Prozent der Listenpreis verringert werden kann, um den Bruttoeinzelpreis der angebotenen Produkte zu erhalten.

Objektverbindungen für Klasse Lieferant

(1) Verbindung zu Bestellung

Kardinalitäten: Lieferant 0,m – Bestellung 1

Beschreibung: Gibt an, welche Bestellungen noch auszuliefern sind.

Klasse Position

Beschreibung: Einzelposten einer Bestellung. Dient zur Angabe der von jedem Produkttyp bestellten Mengen sowie der zugehörigen Rechnungsbeträge.

<u>Attribute</u> für Klasse Position

(1) Nummer

Datentyp: ganze Zahl

Beschreibung: Die einzelnen Posten jeder Bestellung sind mit
1,2,... numeriert, um Teillieferungen zu identifizieren.

(2) Menge

Datentyp: ganze Zahl

Beschreibung: Gibt an, wieviele Produkte eines bestimmten Typs
bestellt sind.

<u>Objektverbindungen</u> für Klasse Position

(1) Verbindung zu Produkt

Kardinalitäten: Position 1 – Produkt 0,m

Beschreibung: Liefert den Typ des Produkts, das mit der Position
bestellt wird.

<u>Methoden</u> für Klasse Position

(1) berechneBetrag

Argumente: keine

Funktionswert: Gleitpunktzahl

Beschreibung: Sendet die Nachricht „gibPreis" an das zu einer
Position gehörende Produkt und multipliziert die Menge mit
diesem Preis.

Klasse Produkt

Beschreibung: Typ einer Ware, die bei einem Lieferanten in einer
bestimmten Stückzahl bestellt werden kann.

<u>Attribute</u> für Klasse Produkt

(1) Nummer

Datentyp: Zeichenkette

Beschreibung: Dient dem Lieferanten zur Identifizierung seiner
angebotenen Produkte.

(2) Bezeichnung

Datentyp: Zeichenkette

Beschreibung: Gibt eine Kurzinformation über den Verwendungs-
zweck und ggf. technische Details der Produkte eines bestimmten Typs.

(3) Preis

Datentyp: Gleitpunktzahl

Beschreibung: Gibt den Einzelpreis eines Produkts an.

Objektverbindungen für Klasse Produkt

(1) Verbindung zu Position

Kardinalitäten: Produkt 0,m – Position 1

Beschreibung: Liefert die Positionen der Bestellungen, für die
Produkte des jeweiligen Typs auszuliefern sind.

Obwohl es sich um ein sehr kleines, einfaches Beispiel handelt, ist
die Klassenbeschreibung länglich ausgefallen. Die Benutzung dieser Informationen wird erst interessant durch ihre Integration in ein
CASE-Tool, das bei den Arbeiten am Objektmodell durch Mausklick
auf ein Attribut, eine Methode usw. die entsprechenden Wertebere-
che, Argumenttypen usw. auf einen Blick anzeigt. Ein geeignetes Tool
sorgt auch dafür, daß sich Analysemodell und Klassenbeschreibung
während des Fortgangs der Systementwicklung nicht auseinanderent-
wickeln.

3.1.9 Identifizieren von Subjekten

Bei der Durchführung einer objektorientierten Analyse stellt sich das
Problem, daß das Modell nach und nach um immer weitere Details
bezüglich Aufbau und Kommunikation von Objekten angereichert wird,
daß es aber andererseits möglich bleiben soll, den Anwendern eine
Gesamtübersicht über das System und seine Verantwortlichkeiten innerhalb des Problembereichs zu geben.

Zu diesem Zweck kann man, wenn die Anzahl der modellierten Klassen zweistellig wird, beginnen, Gruppen von Klassen so zu bilden, daß
Klassen derselben Gruppe im Hinblick auf ihre Aufgaben (logisch) zusammengehören, weil sie (genauer: ihre Objekte) beispielsweise bei

dem von ihnen zur Systemfunktionalität geleisteten Beitrag auf ihre Zusammenarbeit und gegenseitige Unterstützung angewiesen sind, und daß sie andererseits mit Klassen aus anderen Gruppen nur lose, durch wenige Beziehungen, verbunden sind. Diese Klassengruppen stellen wir durch *Subjekte* dar. Sie entsprechen den *Clustern* in Meyer (1989) bzw. den *Klassenkategorien* in Booch (1994).

Neben Klassen können Subjekte auch andere Subjekte enthalten, so daß ein Modell in verschiedenen gröberen oder feineren Zerlegungen dargestellt werden kann. Ein Subjekt ist somit einer Aggregationsklasse, die Attribute und andere Klassenobjekte enthält, vergleichbar – im Unterschied zu Klassen sind für Subjekte jedoch keine Zustände und kein Verhalten beobachtbar. Eine weitere Möglichkeit zur Skalierung des Modells ergibt sich durch das teilweise oder vollständige Komprimieren der Subjekte, das in Abbildung 3.6 (Seite 48) gezeigt wurde.

Vorgehensweise

In einem ersten Schritt führen wir für jede Struktur ein Subjekt in das Modell ein. Und auch für jede Klasse, die keiner Struktur angehört, definieren wir – den Vorschlägen in Coad und Yourdon (1991a) folgend – zunächst ein eigenes Subjekt. Die so erhaltenen Kandidaten werden nun unter den folgenden Gesichtspunkten weiter zusammengefaßt:

- Jede Klasse darf nur in einem einzigen Subjekt enthalten sein; „indirekt" gehört sie dann noch zu allen Subjekten, die dieses Subjekt enthalten.

- Die Anzahl der subjektübergreifenden Strukturen ist minimal zu halten. Alle an einer zusammengesetzten Struktur beteiligten Klassen sollten also möglichst in demselben Subjekt enthalten sein.

- Zwischen den Objekten von Klassen verschiedener Subjekte sollten nur wenige Objekt- und Nachrichtenverbindungen bestehen.

Die Beachtung dieser Anforderungen ist deshalb sinnvoll, weil Subjekte die Basis für Design und Implementierung der Systemmodule,

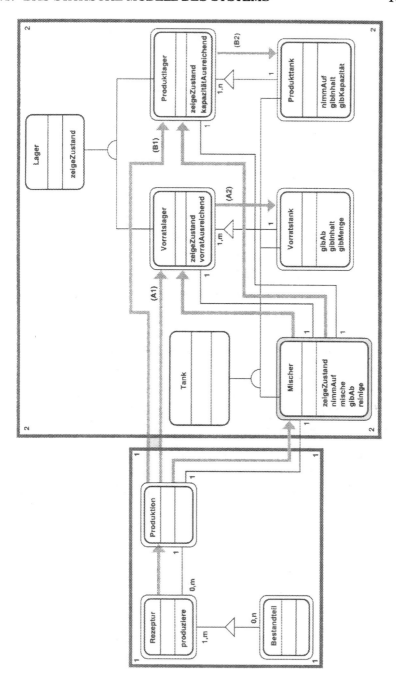

Abbildung 3.44: Struktur-, Methoden- und Subjektschicht für Beispiel 2

d.h. der einzelnen Programmdateien des Systems, bilden und nur ihre lose Kopplung zu verständlichen und wartbaren Programmen führt. Neben den genannten eher formalen Aspekten ist es wichtig, gleichzeitig die Bildung inhaltlich homogener Subjekte, deren Objekte einen abgrenzbaren, unabhängigen Anteil an den Systemleistungen übernehmen, zu gewährleisten. Die „Größe" der Subjekte spielt hier eine eher untergeordnete Rolle und kann von Fall zu Fall stark variieren.

Hinweise auf geeignete Subjektnamen können die Namen der in den Strukturen weit oben angesiedelten Klassen liefern.

In Abbildung 3.44 ist dargestellt, wie man die bisher für Beispiel 2 definierten Klassen in zwei Subjekte: 1. „Planung" und 2. „Anlage" eingruppieren kann. Die oben erwähnte Numerierung der Methodenverbindungen zeigt hier, wie ein Produktionsobjekt über das Vorratslager seines Mischers prüft, ob die zur Herstellung der Rezeptur erforderlichen Bestandteile vorrätig sind ((A1), (A2)) und ob das herzustellende Endprodukt auch in den Produkttanks gelagert werden kann ((B1), (B2)). Die Nachrichtenverbindung A2 veranschaulicht dabei den Aufruf der implizit in den Vorratstank-Teilen enthaltenen Methoden „gibInhalt" und „gibMenge". Analog sendet ein Produktlager über B2 die Nachrichten „gibInhalt" bzw. „gibKapazität" an seine Produkttanks, um festzustellen, ob die beim Mischen einer bestimmten Rezeptur entstehende Menge aufgenommen werden kann.

Im Design werden weitere Subjekte hinzukommen, die Klassen der Benutzerschnittstelle, Klassen zur Taskerzeugung und -koordination – etwa beim gleichzeitigen Einfüllen von Vorprodukten in den Mischer – oder Klassen zur Speicherung und Verwaltung der Rezepturen enthalten.

3.2 Das dynamische Modell des Systems

Bei der Entwicklung eines Anwendungssystems interessiert nicht nur die im vorangegangenen Abschnitt beschriebene statische Sicht auf die Klassen bzw. Objekte und deren Strukturen sowie Beziehungen untereinander – auch eine Modellierung des *Verhaltens* von Objekten und die Beschreibung der Veränderung ihrer Attributwerte und Beziehungen im Zeitablauf ist wichtig. Mit dieser *dynamischen Sicht* auf das System befaßt sich der folgende Abschnitt.

Mit Hilfe von *Zustandsdiagrammen* werden die Lebenszyklen der Objekte des statischen Modells von deren Erzeugung über die verschiedenen von ihnen eingenommenen Zustände bis hin zu ihrer Zerstörung modelliert, falls sie ein „interessantes" dynamisches Verhalten aufweisen. Alle Zustandsübergänge ereignen sich dabei als Reaktion auf Nachrichten, die die betroffenen Objekte von außerhalb des Systems (durch Benutzer oder externe Systeme) oder von anderen Objekten innerhalb des Systems erhalten.

Zur leichteren Erstellung der Diagramme werden wir zunächst typische Folgen von *Ereignissen* identifizieren, die in Anlehnung an Rumbaugh et al. (1991) als *Szenarios* bezeichnet werden. Diese Szenarios werden sowohl verbal beschrieben als auch, zum besseren Abgleich mit dem statischen Modell, grafisch in Form von *Ereignisfolgediagrammen* dargestellt. Bei der Repräsentation der Zustandsdiagramme folgen wir weitgehend dem Ansatz von Harel (1987, 1988), der auf der Theorie endlicher Automaten, wie sie beispielsweise in Hopcroft und Ullman (1979) beschrieben ist, basiert. Überlegungen zur Beschreibung der Funktionalität der Methoden, die die Zustandsübergänge hervorrufen, oder Gedanken zu ihrer Implementierung gehen in das dynamische Modell nicht ein – diese werden im funktionalen Systemmodell (Abschnitt 3.3) niedergelegt.

Neben den bisher behandelten Beispielen werden wir in diesem Abschnitt die folgende Problembeschreibung mit ihrem zugehörigen statischen Systemmodell betrachten. Ähnliche Beispiele findet man in verschiedenen Variationen (zur Modellierung eines Geld- oder Getränkeautomaten) in Rumbaugh et al. (1991) und Coad und Nicola (1993).

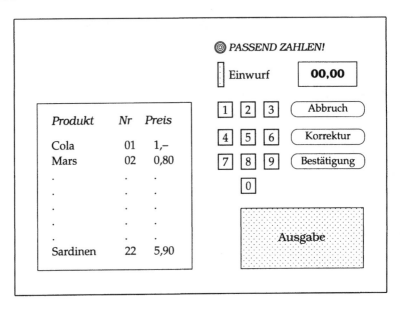

Abbildung 3.45: Der Automat aus Beispiel 3

Beispiel 3:

Der in Abbildung 3.45 dargestellte Automat gibt verschiedene Produkte aus, die unterschiedliche Preise besitzen können. Die Auswahl erfolgt über eine Tastatur, mit der die zum gewählten Produkt gehörende zweistellige Produktnummer eingegeben werden muß. Die eingegebene Nummer erscheint auf der Anzeige. Nach Eingabe der Produktnummer kann diese korrigiert oder bestätigt werden. Bei Bestätigung erscheint der zugehörige Produktpreis in der Anzeige, sofern noch mindestens ein gewähltes Produkt vorhanden ist. Ansonsten erscheint 00,00.

Nun erwartet der Automat die Eingabe von Münzen (5 DM, 2 DM, 1 DM, 50 Pfg, 10 Pfg). Der in der Anzeige angegebene Betrag wird beim Einwurf einer Münze um den jeweiligen Wert der Münze vermindert. Ist der Wert der eingeworfenen Münze größer als der noch zu zahlende, angezeigte Restbetrag, so erscheint nach dem Münzeinwurf der Betrag 0,00 DM auf der Anzeige und das Produkt wird ausgegeben – gegebenenfalls zusammen mit dem entsprechenden Restgeld. Der Vorgang kann durch Drücken einer Abbruch-Taste abgebrochen werden, solange der eingeworfene Betrag noch geringer als der Produktpreis ist. Sind von den einzelnen Münzsorten – mit Ausnahme

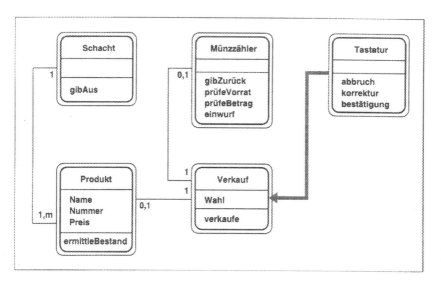

Abbildung 3.46: Erstes statisches Modell für Beispiel 3

der 5 DM-Stücke – weniger als je vier Stück im Automaten, so leuchtet eine Lampe neben der Aufschrift „PASSEND ZAHLEN!". Wird trotz Aufleuchten dieser Lampe nicht passend gezahlt, so wird der Vorgang mit der Ausgabe des gesamten eingeworfenen Betrags beendet.

Als Ausgangspunkt für die Erstellung des dynamischen Systemmodells ist in Abbildung 3.46 ein erstes statisches Modell des Automaten wiedergegeben. Tastatur, Münzzähler und Schacht befinden sich dabei ebenso wie die Anzeige als externe Systeme (vergleiche Abschnitt 3.1.3) außerhalb der Systemverantwortlichkeit. Die Kommunikation mit diesen Hardwarekomponenten wird beispielsweise über I/O-Ports abgewickelt – aus Konsistenzgründen bringt man die entsprechenden Funktionsaufrufe in Klassen eingehüllt in das Modell ein. Die Tastatur und der Münzzähler sind mit der Anzeige verbunden, der Münzzähler darüber hinaus noch mit der Warnlampe. Die angebotenen Produkte sind in Schächten enthalten, die mit einer Ausgabeeinheit verbunden sind.

Für die auf der Schnittstelle des Systems zur Realwelt liegenden Klassen sind keine Attribute oder Funktionscodes zu definieren, die die Arbeitsweise der Geräte simulieren. Es wird also für einen Schacht kein Attribut „Anzahl" verwaltet, das bei der Ausgabe eines Produkts geändert wird, für den Münzzähler werden keine Attribute eingeführt, die den eingeworfenen Münzvorrat aktualisieren usw. Hier setzen wir die Existenz impliziter Funktionen „gibAnzahl", „gibBetrag" usw. voraus. Diese Funktionen sind im Design zu spezifizieren – zusammen mit den expliziten Funktionen „gibAus", „gibZurück", „prüfeVorrat", „bestätigung", „abbruch", „einwurf" und „korrektur", bei denen es sich jeweils um die Übergabe von Signalen an die Hardware bzw. umgekehrt von den Tastatursensoren oder der Münzwaage an das System handelt.

Bei dem abgebildeten ersten Modell ist nur geklärt, daß die Bestätigung einer Eingabe einen Verkaufsvorgang erzeugt, der sich auf genau eine Produktart bezieht. Die Produkte selbst werden in einem oder mehreren Schächten aufbewahrt; ihr Preis ist über den Münzzähler einzuziehen. Mit Hilfe des dynamischen Modells werden wir im weiteren die Reihenfolge der als Reaktion auf externe Vorgänge (Tastendruck, Münzeinwurf) zu versendenden Nachrichten und die sich ergebenden Zustandsänderungen beschreiben.

3.2.1 Zustände und Ereignisse

Objektzustände

Die Attributwerte, die ein Objekt zu einem bestimmten Zeitpunkt angenommen hat, definieren seinen *Zustand*: Ein Konto kann überzogen oder ausgeglichen sein, ein Produktionsvorgang ist geplant, läuft oder ist beendet, ein Vorratstank ist leer, gefüllt oder gibt gerade eine bestimmte Menge an einen Mischer ab, für ein Produkt liegt eine bestimmte Anzahl von Bestellungen vor usw. Objektverbindungen werden hier als spezielle Attribute angesehen. Zum selben Zeitpunkt können sich verschiedene Objekte derselben Klasse in verschiedenen Zuständen befinden.

Nicht zu jedem unterschiedlichen Attributwert gehört auch ein anderer Zustand. Man zerlegt vielmehr das Produkt der einzelnen Wertebereiche problembereichsspezifisch in disjunkte Mengen, denen die zu modellierenden Zustände entsprechen.

Die Versandabteilung eines Buchhändlers wird beispielsweise die Zustände

> Großsendung: Gewicht bis 500 g, Länge bis 353 mm, Breite bis 250 mm, Höhe bis 20 mm.

Maxisendung: Keine Großsendung, Gewicht bis 1000 g, Länge bis
353 mm, Breite bis 250 mm, Höhe bis 50 mm.
. . .

bei den zu versendenden Katalogen und Büchern unterscheiden.

Die verschiedenen Zustände, die die Objekte einer Klasse annehmen
können, sind zu benennen und mit einer Charakterisierung in ihrer *Zustandsspezifikation* in Verbindung mit den klassenbezogenen
Zustandsdiagrammen zu beschreiben. In Abschnitt 3.2.4 geben wir
hierzu ein Beispiel.

Um ihre Aufgaben innerhalb des Systems wahrnehmen zu können,
werden die meisten Objekte ihre Zustände zur Laufzeit verändern; beispielsweise nimmt ein Mischtank immer wieder für eine gewisse Zeit die
Zustände Leer, Aufnahme, Mischvorgang läuft, Produktion beendet bzw. Abgabe
an und durchläuft so einen Objektlebenszyklus. Die Zustandsänderungen werden dabei durch Ereignisse ausgelöst. Im dynamischen
Analysemodell sollen nun die für das Systemverhalten typischen Folgen von von Ereignissen und Zustandsänderungen beschrieben werden.

Zustandsänderungen, Ereignisse

Ein *Ereignis* repräsentiert einen Vorfall, der die Attributwerte eines
oder mehrerer Objekte verändert und damit möglicherweise die Zustandsänderung eines Objekts bewirkt. Bei objektorientierter Entwicklung können Attributwerte nur durch die Methoden der entsprechenden Klasse verändert werden – ein Ereignis ist also immer mit
einem Methodenaufruf verknüpft.

Man unterscheidet *externe* Ereignisse, die bei einem externen System oder einem Schnittstellenobjekt eintreten oder von diesem ausgelöst werden (z.B. Taste Bestätigung gedrückt oder Ausgabe des Produkts
oder kritischer Wert überschritten) und *interne* Ereignisse, die auf dem
Nachrichtenaustausch innerhalb des Systems basieren (z.B. Start des
Mischvorgangs oder Zinsgutschrift).

Wegen des engen Zusammenhangs zwischen Ereignissen und Methodenaufrufen werden wir im folgenden ein Ereignis immer mit dem

Namen der jeweiligen Methode, die die Änderung herbeiführt, bezeichnen. Mit dieser Analogie entspricht ein Ereignis dann einem einfachen Signal oder einer Informationsübertragung (der Argumente des Funktionsaufrufs) von einem Objekt zu einem anderen. In der Literatur wird auch vom „Versenden eines Ereignisses" und vom „Sender" oder „Empfänger eines Ereignisses" gesprochen (vgl. z.B. Rumbaugh et al. (1991), Shlaer und Mellor (1992), Wilkie (1993)). Wenn zusätzlich zu den üblichen Nachrichtencharakteristika – Sender, Empfänger, Methodenname und gegebenenfalls Argumente und Funktionswert – der Zeitpunkt wichtig ist, zu dem ein Ereignis eintritt, können wir dies durch die Erzeugung und Speicherung eines Ereignisobjekts (vergleiche 3.1.3), das unter anderem Datum und Zeit als Attribute hat, dokumentieren. Alternativ ist es möglich, den Eintrittszeitpunkt als implizites Argument eines jeden Ereignisses anzusehen.

Obwohl jede Methode zur Realisierung einer Zustandsänderung (zum Setzen von Attributwerten oder dem Einrichten bzw. Lösen von Objektverbindungen) einige Nano- oder Mikrosekunden benötigt, wird im Rahmen der objektorientierten Analyse für das Eintreten von Ereignissen ein vernachlässigbar kleiner Zeitbedarf angenommen, der im Verhältnis zur Verweildauer von Objekten in ihren unterschiedlichen Zuständen keine Rolle spielt – Ereignisse sind daher zeitpunktbezogen und haben keine Dauer. Diese Abstraktion ermöglicht ein gleichzeitiges Eintreten verschiedener Ereignisse bei demselben Objekt. Die Reihenfolge der Zustandsänderungen ist dann nicht festgelegt.

Zwei besondere interne Ereignisse sind die Erzeugung und das Löschen von Klassenobjekten. Und zum Auslösen externer Ereignisse zu bestimmten Zeitpunkten wird oft das Erzeugen, Stellen und Zurücksetzen eines Timer-Objekts eingesetzt, das in Abbildung 3.47 dargestellt ist. Die Attribute Restlaufzeit, Ereignisname und EmpfängerID dienen hier dazu, festzuhalten, nach welcher Laufzeit welche Nachricht an welches Empfängerobjekt zu versenden ist. Ein Timer kann beispielsweise verwendet werden, um eine Operation in regelmäßiger Wiederholung ausführen zu lassen – etwa das Umschalten von Verkehrsampeln oder die Meßwerterfassung von Sensoren – oder um einen Vorgang nach dem Ablauf eines Zeitintervalls zu beenden – et-

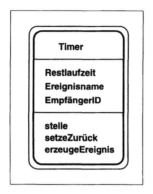

Abbildung 3.47: Ein Timer-Objekt

wa, wenn ein Produktionsvorgang nach der vorgesehenen Mischzeit abgeschlossen ist.

Ereignisse können voneinander unabhängig eintreten oder voneinander abhängig sein. Abhängigkeiten entstehen dann, wenn sich die entsprechenden Objektveränderungen in einer bestimmten zeitlichen Reihenfolge ereignen sollen, wenn die Logik des Systems es also erfordert, daß ein Ereignis A eingetreten ist, bevor Ereignis B eintreten kann. So kann für Beispiel 3 das Ereignis gibAus bei einem Schacht sinnvollerweise nicht eintreten, bevor bei der Tastatur ein Produkt mittels bestätigung gewählt wurde. Zur Dokumentation derartiger Ereignisstränge verwendet man Szenarios, die dann zu Ereignisfolgediagrammen formalisiert werden.

3.2.2 Ereignisfolgen und Szenarios

Szenarios

Als *Szenario* wird eine hypothetische oder in der Praxis beobachtbare Aufeinanderfolge von Ereignissen bezeichnet, die zur Darstellung der kausalen Zusammenhänge bei einer Anwendung des zu modellierenden Systems konstruiert wird. Mit einer knappen Niederschrift (einem „Skript") wird dabei angegeben, wie das System auf bestimmte Eingaben von Benutzern und externen Systemen reagieren soll und wie die Systemobjekte dazu interagieren müssen.

Bei der Beschreibung dieser Ereignisfolgen ist darauf zu achten, daß jede wichtige Aufgabe, die sich zur Laufzeit des Systems stellen kann, in einem Szenario erfaßt ist – beispielsweise müssen zumindest die in der Problemspezifikation genannten Systemfähigkeiten abgedeckt werden und weiterhin sind die Beiträge der verschiedenen Subjekte zur Systemleistung zu spezifizieren. Die Modellierung von Szenarios, die sich nur unwesentlich unterscheiden (z.B. darin, daß ein Automatenbenutzer einmal bzw. viermal die Korrekturtaste drückt) ist aus Gründen der Modellüberschaubarkeit jedoch zu vermeiden.

Sowohl die Beobachtung realer Abläufe innerhalb des Problembereichs als auch Simulationen des gewünschten Systemverhaltens können bei der Anfertigung von Szenarios herangezogen werden.

Stellt man sich einen „normalen" Produktverkauf für den Automaten aus Beispiel 3 vor, dann ergibt sich etwa folgendes Szenario:

Szenario A:

Der Benutzer gibt die Ziffer 2 ein.

Die Anzeige zeigt die Auswahl 02.

Der Benutzer drückt die Taste Bestätigung.

Der Automat bereitet den Verkaufsvorgang vor. Er kontrolliert, daß noch mindestens ein Produkt mit der Nummer 2 in einem Schacht enthalten ist, stellt den Produktpreis fest und übermittelt den Betrag an den Münzzähler.

Die Anzeige zeigt den zu zahlenden Betrag 0,80. Der Münzzähler prüft, ob passend gezahlt werden muß.

Der Benutzer wirft eine 50 Pf-Münze ein. Der Münzzähler prüft den eingezahlten Betrag.

Die Anzeige zeigt den noch zu zahlenden Betrag 0,30.

Der Benutzer wirft eine 50 Pf-Münze ein. Der Münzzähler prüft den eingezahlten Betrag.

Das Restgeld 0,20 wird zurückgegeben. Die Anzeige zeigt 0,00. Ein Schacht gibt das Produkt aus, und der Verkaufsvorgang ist beendet.

Beim Schreiben von Szenarios beginnt man, wie oben, mit den einfachen Standardfällen und geht später zu komplexeren Abläufen über, in denen beispielsweise Fehler behandelt werden. Wir geben hier noch ein zweites Szenario für Beispiel 3 an, in dem die eingegebene Produktnummer zunächst korrigiert wird und der Vorgang nach dem ersten Münzeinwurf ganz abgebrochen wird:

Szenario B:

Der Benutzer gibt die Ziffer 2 ein.

Die Anzeige zeigt die Auswahl 02.

Der Benutzer gibt die Ziffer 1 ein.

Die Anzeige zeigt die Auswahl 21.

Der Benutzer drückt die Taste Korrektur.

Die Anzeige zeigt 00.

Der Benutzer gibt die Ziffer 1 ein.

Die Anzeige zeigt die Auswahl 01.

Der Benutzer drückt die Taste Bestätigung.

Der Automat bereitet den Verkaufsvorgang vor. . . .

Die Anzeige zeigt den zu zahlenden Betrag 1,00. Der Münzzähler prüft, ob passend gezahlt werden muß.

Der Benutzer wirft eine 10 Pf-Münze ein. Der Münzzähler prüft den eingezahlten Betrag.

Die Anzeige zeigt den noch zu zahlenden Betrag 0,90.

Der Benutzer drückt die Taste Abbruch.

Der eingegebene Betrag 0,10 wird zurückgegeben. Die Anzeige zeigt 0,00, und der Verkaufsvorgang ist beendet.

Um ein vollständiges Verhaltensmodell des Automaten zu erhalten, müssen noch Szenarios für die Fälle, daß passend gezahlt werden muß bzw. daß ein Produkt ausverkauft ist, entworfen werden. Siehe hierzu Anhang A.

Der nächste Modellierungsschritt nach dem Anfertigen der Szenarios besteht im Identifizieren der Sender- und Empfängerobjekte, die die beschriebenen Ereignisse auslösen bzw. bei denen sie eintreten. Diese zusätzlichen Details verdeutlicht man nun in Ereignisfolgediagrammen (EFDs).

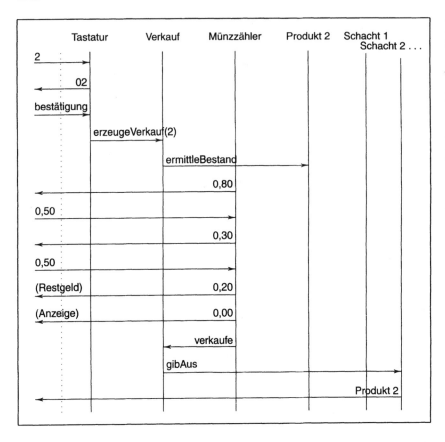

Abbildung 3.48: Das Ereignisfolgediagramm für Szenario A

Ereignisfolgediagramme

Ereignisfolgediagramme geben eine formalere und detailliertere Darstellung der in Szenarios beschriebenen Objektinteraktionen und erleichtern so die erforderliche Validierung der modellierten Struktur- und Verhaltensaspekte der statischen und dynamischen Sicht – sie liefern aber keine grundlegend neuen Informationen.

Für jedes Szenario wird ein Ereignisfolgediagramm angefertigt. Die beteiligten Objekte werden dabei durch vertikale Linien dargestellt. Horizontale Pfeile von Sender zu Empfänger symbolisieren die Methodenaufrufe, die zu den Attributwert- oder Zustandsänderungen, die sich bei den Empfängern ereignen, führen; sie werden mit den Namen

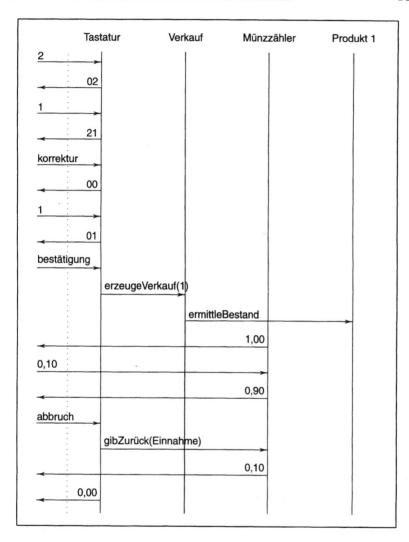

Abbildung 3.49: Das Ereignisfolgediagramm für Szenario B

und Argumenten ihrer Methoden beschriftet. Das heißt im Vergleich zu Szenarios wird hier präziser dargestellt, von welchen Objekten die Ereignisse ausgelöst werden.

Die Reihenfolge der Ereignisse geben wir durch ihre vertikale Position an. Das erste Ereignis befindet sich oben im Diagramm, das letzte unten. Die Abstände der Pfeile sind bei dieser Darstellungsform oh-

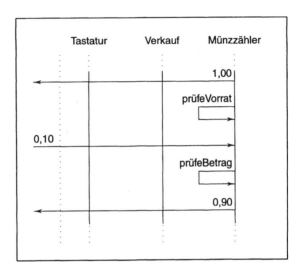

Abbildung 3.50: Darstellung des Aufrufs eigener Methoden

ne Bedeutung, repräsentieren also nicht die Zeitdauer zwischen verschiedenen Ereignissen: Mit einem Ereignisfolgediagramm wird die
logisch korrekte Aufeinanderfolge der Objektinteraktionen und nicht
der für die Kommunikation benötigte Zeitbedarf modelliert. Jedem Ereignisfolgediagramm entspricht somit bei korrekter Implementierung
ein Kontrollfluß durch das entwickelte Programmsystem.

In den Abbildungen 3.48 und 3.49 zeigen wir für die beiden oben
verbal beschriebenen Szenarios ihre grafische Darstellung als Ereignisfolgediagramm. Mit der gestrichelten Linie ist hier die Systemgrenze zu den Benutzern, der Anzeige und der Ausgabeeinheit markiert.
Pfeile, die diese Linie „von außen" passieren, betreffen Tastatureinga-
ben oder den Einwurf von Geldstücken, umgekehrt verlaufende Pfeile
stellen Anzeigen oder die Ausgabe von Produkten bzw. Restgeld dar.

Aufrufe impliziter Methoden oder von Methoden, die ein Objekt bei
sich selbst aufruft, hatten wir in die beiden ersten Ereignisfolgediagramme nicht aufgenommen. Abbildung 3.50 zeigt für Szenario B ausschnittsweise, wie Ereignisse mit identischem Sender- und Empfängerobjekt dargestellt werden können. Darüber hinaus kann es für
das Verständnis des Modells hilfreich sein, wenn man mehrere Nachrichten, die alle aufgrund desselben Methodenaufrufs versandt wer-

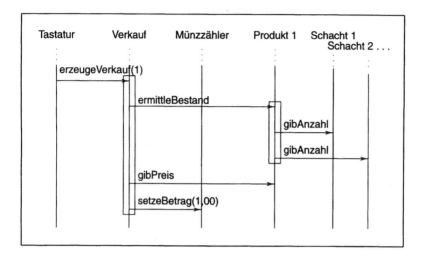

Abbildung 3.51: Gruppierung von Methodenaufrufen

den, auch zusammen gruppiert. In Abbildung 3.51 haben wir dies
bei der Vorbereitung des Verkaufsvorgangs und bei der Überprüfung
der Schachtinhalte, die aus dem Aufruf ermittleBestand für Szenario
B resultiert, getan. Setzt man diese beiden zusätzlichen Möglichkeiten ein und modelliert man auch alle Aufrufe impliziter Methoden, so ergibt sich für Szenario A das nun sehr detailliert ausgeführ-
te Ereignisfolgediagramm aus Abbildung 3.52. Hier haben wir un-
terstellt, daß die Verbindungsfunktionen löseVerbindungZuSchacht und
löseVerbindungZuMünzzähler vom Destruktor des Verkaufsobjekts (lösche-
Verkauf) aufgerufen werden.

Weiterführende Konzepte

Obwohl die Entwicklung von Ansätzen zur Modellierung des Systemverhaltens noch nicht abgeschlossen ist, besteht in der neueren Literatur (z.B. Booch (1994), Coad et al. (1995), Rumbaugh (1995), Yourdon et al. (1995)) Konsens darüber, daß Szenarios und Ereignisfolgediagramme eine tragfähige Basis zur Entwicklung der dynamischen
Sicht auf das System bilden. Die verwendeten grafischen Darstellungsvarianten bei Ereignisfolgediagrammen unterscheiden sich inhaltlich kaum von der von uns in Abbildung 3.52 gezeigten Form.

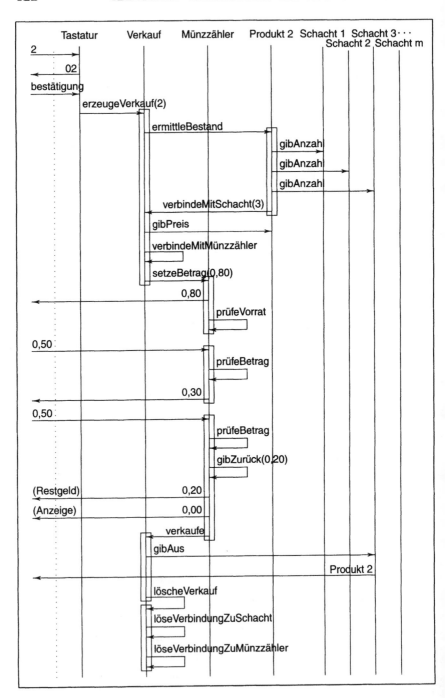

Abbildung 3.52: Detailliertes Ereignisfolgediagramm für Szenario A

Wir wollen im folgenden noch zwei Möglichkeiten zur Anreicherung des dynamischen Modells mit unserer Meinung nach leicht verständlichen, aber nützlichen Details vorstellen.

Schon bei kleinen Systemen können Ereignisfolgediagramme komplex werden – insbesondere, wenn man, wie in Abbildung 3.52, sehr detailliert modelliert. Bei umfangreicheren Szenarios stellt sich dann die Frage nach der Skalierbarkeit von Ereignisfolgediagrammen. Dieselbe Frage kann wichtig werden, wenn ein Ereignisfolgediagramm eine Teilfolge von Ereignissen enthält, die für das Verständnis der abgebildeten Dynamik nicht ständig präsent sein muß, an mehreren Stellen desselben Diagramms vorkommt oder auch in anderen Diagrammen enthalten ist und deshalb wiederverwendet werden kann.

Derartige Teilfolgen können in ein eigenes Ereignisfolgediagramm ausgelagert und durch einen Verweis ersetzt werden. Wir benutzen dazu die in Abbildung 3.53 dargestellte Notation und tragen im ursprünglichen Diagramm ein Rechteck ein, das mit der Nummer oder dem Namen des ausgelagerten Diagramms markiert ist. Damit wird symbolisiert, daß man das vollständige Ereignisfolgediagramm erhält, indem man das Rechteck komplett durch die im ausgegliederten Diagramm wiedergegebene Ereignisfolge ersetzt.

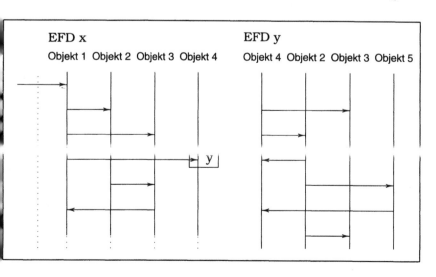

Abbildung 3.53: Notation für die Ausgliederung von Ereignis-Teilfolgen

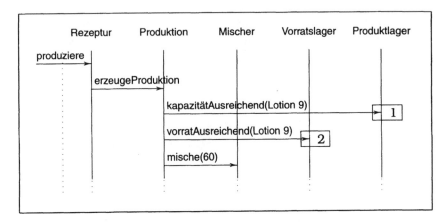

Abbildung 3.54: Vereinfachtes Diagramm für einen Produktionsvorgang

Abbildung 3.54 zeigt ein Ereignisfolgediagramm für das Beispiel 2. Das zugrundeliegende Szenario – Beginn eines Produktionsvorgangs nach Kontrolle,
ob die Kapazität des Produktlagers für die Aufnahme des Endprodukts ausreicht und auch die benötigten Basisprodukte im Vorratslager vorhanden sind
– orientiert sich an dem in Abbildung 3.44 skizzierten Nachrichtenversand. Die
durch die Methodenaufrufe „kapazitätAusreichend" bzw. „vorratAusreichend"

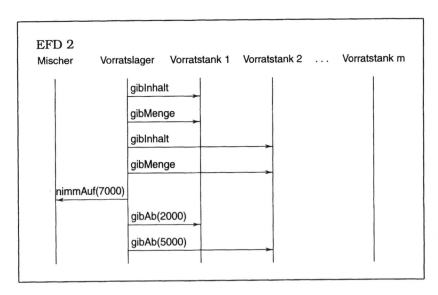

Abbildung 3.55: EFD 2 für die Vorratsprüfung

ausgelöste Kommunikation der Lagerobjekte mit ihren Teilobjekten ist in zwei eigene Ereignisfolgediagramme EFD 1 und EFD 2 ausgegliedert worden. EFD 2 ist in Abbildung 3.55 dargestellt; EFD 1 ist ähnlich strukturiert mit den wiederholten Aufrufen „gibInhalt" und „gibKapazität".

Diese Erweiterung ist besonders geeignet, die Möglichkeiten zur Wiederverwendung von typischen Interaktionsfolgen der beteiligten Objekte zu unterstützen. Im Idealfall können die zu einem derartigen, bereits modellierten *Muster* gehörenden Ereignisfolgediagramme ohne Änderung oder mit wenigen Anpassungen in komplexere Ereignisfolgediagramme integriert werden. Den Einsatz von Entwurfsmustern in der objektorientierten Analyse beschreiben wir in Kapitel 4.

In allen bisher entwickelten Ereignisfolgediagrammen haben wir synchronen Nachrichtenversand dargestellt; sämtliche unterhalb eines bestimmten Methodenaufrufs abgebildeten Aufrufe können also erst realisiert werden, wenn dieser beendet ist. Asynchrone Kommunikation, die besonders im Zusammenhang mit ausgelagerten Ereignisfolgen interessant ist, modellieren wir wie in Abbildung 3.56. Der gestrichelte Aufrufpfeil zeigt hier an, daß der übliche Synchronisationsmechanismus unterbrochen ist und die anschließende Ereignisfolge

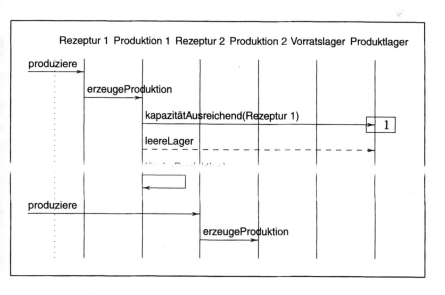

Abbildung 3.56: Beispiel für asynchronen Nachrichtenversand

unabhängig vom zugehörigen Aufruf oder den Methoden im ausgegliederten Diagramm fortgesetzt werden kann.

Die Abbildung bezieht sich wieder auf Beispiel 2, wobei hier der Fall dargestellt ist, daß eine bestimmte Rezeptur wegen mangelnder Kapazität des Produktlagers nicht hergestellt werden kann und – nach Aufforderung an das Lagerobjekt, für Entleerung zu sorgen – untersucht wird, ob eine andere Rezeptur herstellbar ist.

Fragen zur Konsistenz der Modelle

Nach oder bereits während der Erstellung der Ereignisfolgediagramme kann zur Integration beider Sichten ein erster Abgleich mit dem statischen Systemmodell erfolgen.

Zur Überprüfung der Konsistenz der beiden Modelle, die Grundvoraussetzung für die weitere Modellfortentwicklung bis hin zur funktionalen Sicht ist, kann man den folgenden Fragenkatalog benutzen:

- Kommen in einem Diagramm Objekte vor, für die es im statischen Modell keine Klasse gibt?
  Sind umgekehrt statisch Klassen definiert worden, deren Objekte in keiner Ereignisfolge eine Rolle spielen?

  Im ersten Fall ist zu untersuchen, ob die Aufnahme einer neuen Klasse in das Modell erforderlich ist. Im zweiten Fall kann sich eine Klasse als nicht tatsächlich benötigt herausstellen, oder es wurden noch nicht alle wichtigen Szenarien beschrieben. Zur genaueren Betrachtung kann hier die Klassenspezifikation herangezogen werden.

- Ändert ein Ereignis Werte, für die es im statischen Modell keine Attribute gibt?
  Gibt es umgekehrt Attribute, deren Werte nicht zur Charakterisierung von Zustandsänderungen benötigt werden?

  Auch hier bestehen, wie bereits beim vorigen Punkt, die beiden Möglichkeiten, daß die statische Sicht zu knapp oder übertrieben ausführlich modelliert wurde, bzw. daß bei der Niederschrift der

Szenarios verschiedene Systemreaktionen unberücksichtigt blieben. Darüber hinaus kann es sich im ersten Fall um die Werte von Schnittstellenobjekten handeln, deren Verwaltung nicht mehr in die Systemverantwortlichkeit fällt. Im zweiten Fall ist zu beachten, daß in manchen Situationen auch die Aufnahme von konstanten Attributwerten sinnvoll sein kann, die dann zwar nicht in die dynamische Modellierung, aber in die Implementierung von Methoden Eingang finden. Ein Beispiel ist hier das Fassungsvermögen eines Produkttanks, das sich während dessen Lebensdauer nicht ändert, aber für die Methode kapazitätAusreichend wichtig ist.

- Gibt es in einem Ereignisfolgediagramm ein Ereignis, dem im statischen Modell keine Methode oder Nachrichtenverbindung entspricht?
  Beschreibt umgekehrt die statische Sicht bereits Methoden oder Nachrichtenverbindungen, die nicht mit dem Eintreten eines Ereignisses verknüpft sind?

  Neben den oben bereits zweimal angesprochenen möglichen Ursachen eines zu eng oder zu weit gefaßten statischen Modells bzw. unvollständiger Szenarien, kann es sich im ersten Fall auch um implizit im statischen Modell enthaltene Methoden oder Nachrichtenverbindungen zu ihnen handeln – in dem detaillierten Ereignisfolgediagramm zu Szenario A (Abbildung 3.52) sind dies die Methoden erzeugeVerkauf, gibAnzahl, verbindeMitSchacht, gibPreis, verbindeMitMünzzähler, setzeBetrag, löscheVerkauf, löseVerbindungZu-Schacht und löseVerbindungZuMünzzähler.

Generell muß beim Modellabgleich auf abweichende Namen innerhalb der beiden Sichten geachtet werden; in solchen Fällen ist eine schnelle Angleichung möglich. Bei jeder Änderung im Klassendiagramm sind dann auch die betroffenen Klassenspezifikationen zu modifizieren.

Nach Überabeitung des ersten statischen Modells für Beispiel 3 entsprechend diesen Kriterien, erhalten wir die in Abbildung 3.57 dargestellte Sicht.

Die neue Objektverbindung zwischen Schacht und Verkauf wird (ebenso wie die Verbindung zwischen Münzzähler und Verkauf) während der Konstruktion

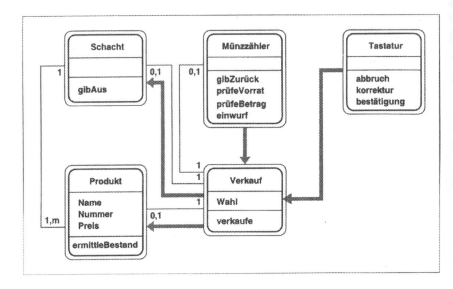

Abbildung 3.57: Erweitertes statisches Modell für Beispiel 3

des Verkaufsobjekts generiert und verbindet dieses Eins-zu-Eins beispielsweise mit dem ersten Automatenschacht, der noch mindestens ein Produkt des gewählten Typs enthält. Der Wert des Attributs „Wahl" wird dem Verkaufskonstruktor von der Tastatur übergeben.

Bemerkung

Ebenso wie beim statischen Modellieren hat man auch beim Anfertigen von Ereignisfolgediagrammen die Möglichkeit, zur besseren Veranschaulichung der Dynamik implizit im Modell enthaltene Funktionen mit darzustellen. Betrachtet man beispielsweise das detaillierte Diagramm für Szenario A, so stellt man fest, daß wir hier auch Methodenaufrufe eingetragen haben, die lediglich lesend auf Attributwerte zugreifen und keine Wertänderungen bewirken (gibAnzahl und gibPreis); die übrigen impliziten Funktionen führen zu einem Ereignis, indem sie Verbindungen aufbauen oder lösen bzw. das Verkaufsobjekt zerstören.

Bei der Aufnahme solcher genaugenommen nicht ereignisbezogener Methodenaufrufe in ein Ereignisfolgediagramm muß jedoch darauf geachtet werden, daß man nicht Ketten von Nachrichten erzeugt, die eine Anforderung lediglich über ein oder mehrere Zwischenobjekte „weiterreichen", ohne selbst auf den Nachrichteninhalt zu reagieren. Für Beispiel 3 wäre dies etwa dann der Fall, wenn das Verkaufsobjekt auf die Nachricht verkaufe mit dem Versand von gibAus an das verbundene Produkt reagiert und dieses wiederum gibAus an den Schacht weiterleitet. Solche Konstruktionen sind besser zu vermeiden, da durch die entstehende Kopplung der Objekte Modell- oder Implementationsänderungen an einer der Klassen fast zwangsläufig auch die anderen Klassen berühren. Aus diesem Grund verbinden wir – falls das gewählte Produkt vorrätig ist – das Verkaufsobjekt noch während seiner Erzeugung mit einem passenden Schacht.

3.2.3 Zustände, Aktivitäten und Aktionen

Im Unterschied zu Ereignissen, die wir als zeitpunktbezogen ansehen, nehmen Objekte ihre verschiedenen Zustände jeweils für eine bestimmte Zeitdauer ein, die durch das Zeitintervall zwischen dem Eintreffen zweier Ereignisse bestimmt wird: Nach der Aufnahme der Basisprodukte läuft ein Mischvorgang so lange, bis die Mischzeit des Produkts abgelaufen ist, nach der Rückgabe eines Lehrbuchs ist es so lange vorrätig, bis es neu ausgeliehen wird, nach seiner Anzeige wartet ein Menü so lange, bis ein Mausknopf gedrückt ist, nach einer Auszahlung ist ein Konto beispielsweise so lange überzogen, bis ein entsprechender Betrag eingezahlt wird usw. Zustände und Ereignisse ergänzen sich insofern, als ein Zustand die Zeitdauer repräsentiert, in der ein Objekt auf das Eintreffen eines Ereignisses wartet, und nur ein Ereignis (genauer: der mit ihm verknüpfte Methodenaufruf) den Zustand eines Objekts verändern kann.

~~Das Eintreten eines Ereignisses ist oft verbunden mit Aktivitäten oder~~

Aktionen, die begonnen werden, sowie die zugehörige Objektveränderung eingetreten ist.

Aktivitäten und Aktionen

Unter einer *Aktivität* versteht man die Ausführung einer Methode des Objekts, dessen Attributwerte sich geändert haben. Auch mehrere Methoden können zu einer Aktivität zusammengefaßt werden. Auslöser ist dabei immer das Objekt, das für die Veränderung, also das Eintreten des Ereignisses verantwortlich ist. Bis zu ihrem Abschluß nimmt eine Aktivität eine bestimmte Zeit in Anspruch – zum Beispiel die gesamte Zeitdauer bis zur nächsten Zustandsänderung ihres Objekts. Während des Andauerns einer Aktivität kann ein Objekt seinen Zustand nicht ändern.

Aktivitäten können algorithmisch komplexere Methoden ausführen, etwa eine Unternehmensbilanz berechnen, günstige Routen für eine Reederei bestimmen oder den Personaleinsatzplan eines Verkehrsbetriebs erstellen. Alternativ kann es sich auch um die permanente Wiederholung bestimmter Tätigkeiten, zum Beispiel das Erfassen von Meßwerten, das Bearbeiten eines Produkts oder das Überwachen eines Regelkreises handeln, die erst durch das Eintreffen eines neuen Ereignisses wieder beendet wird. Eine Aktivität kann also durch ein Ereignis abgebrochen werden.

Der Zustand „Mischvorgang läuft" eines Mischers aus Beispiel 2 ist dadurch charakterisiert, daß sämtliche Tankventile geschlossen sind und die Drehzahl der Rühreinrichtungen größer als Null ist. Während dieses – bei Konstruktion eines Produktionsobjekts beispielsweise durch den Aufruf „mische(90)" eingeleiteten – Zustands dauert die Aktivität „mische" an. Man wird sie in der Regel unter Verwendung eines Timers, etwa durch die Konstruktion
„erzeugeTimer(90, setzeDrehzahl(0), MischerID)"
realisieren. Nach Ablauf der durch die Rezeptur vorgegebenen Mischzeit von 90 Minuten wird dann die Nachricht „setzeDrehzahl(0)" an den Mischer gesendet, das Mischen ist abgeschlossen, und der Mischer ändert seinen Zustand in „Produktion beendet".

Eine Aktivität kann selbständig terminieren oder nicht. Sofern sie selbständig terminiert, d.h. wenn ihr Funktionsrumpf abgearbeitet ist, wird implizit (ohne gesonderte Modellierung) ein Signal „Bearbeitung beendet" an das aufrufende Objekt gesendet.

Eine *Aktion* ist die Ausführung einer Operation, wobei diese im Gegensatz zu einer Aktivität „ohne Zeitdauer" ist. Typische Beispiele für die Aktionen eines Objekts sind das Lesen, Schreiben, Vergleichen usw. seiner Attributwerte und der Versand von Nachrichten. Diese Nachrichten können wiederum das Starten oder Beenden der Aktivitäten anderer Objekte bezwecken.

So, wie ein Ereignis mit dem Beginn einer Aktivität verknüpft sein kann, kann die Zustandsänderung eines Objekts auch unmittelbar eine oder mehrere Aktionen dieses Objekts verursachen. Dabei handelt es sich oft um den Versand von Nachrichten an ein anderes Objekt, an alle Objekte einer Klasse oder an externe Systeme.

Jedes Verkaufsobjekt aus Beispiel 3 führt direkt nach seiner Erzeugung die Aktion „ermittleBestand" durch. Sein weiteres Verhalten hängt dann davon ab, ob eine Verbindung zu einem gefüllten Schacht aufgebaut werden kann.

Ebenso ist es möglich, daß Aktionen eines Objekts während des Andauerns eines Zustands, z.B. vor, zwischen oder nach verschiedenen Objektaktivitäten, stattfinden. Im Gegensatz zu Aktivitäten können Aktionen, da sie keine Zeit beanspruchen, nicht durch ein Ereignis unterbrochen werden.

Das Verhalten eines Objekts im Zeitablauf ist in der Regel durch eine alternierende Folge: Ereignis, Zustand, Ereignis, Zustand, Ereignis, ... charakterisierbar. Diesen Wechsel zwischen Ereignissen und Zuständen veranschaulicht man durch Zustandsdiagramme, die für jede Klasse, deren Objekte eine nennenswerte Dynamik besitzen, zu entwickeln sind. Gemeinsam mit den zugehörigen Zustandsspezifikationen bilden diese Diagramme die Dokumente der dynamischen Sicht des Modells.

3.2.4 Zustandsdiagramme und -spezifikationen

Zustandsdiagramme

Das richtige Verstehen und die korrekte Abbildung des Objektverhaltens ist eine der schwierigeren Analyseaufgaben, die durch die Entwicklung (und Diskussion) von klassenspezifischen *Zustandsdiagrammen* unterstützt werden kann. Die bisher in Szenarios und Ereignisfolgediagrammen modellierten Ereignisse, Zustände, Aktivitäten und Aktionen und ihre mögliche Aufeinanderfolge bei allen Objekten einer Klasse stellen wir durch deren Zustandsdiagramm dar. Dem Verhalten

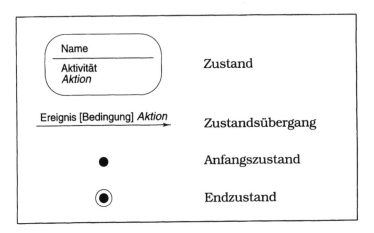

Abbildung 3.58: Notation für Zustandsdiagramme

eines Objekts innerhalb eines Szenarios oder Ereignisfolgediagramms muß dann genau ein Weg durch das Zustandsdiagramm seiner Klasse entsprechen, und umgekehrt muß jeder Weg durch ein Zustandsdiagramm ein mögliches Verhaltensmuster für ein Objekt der Klasse beschreiben.

Objektzustände werden in einem Zustandsdiagramm durch ein Oval zusammen mit ihrem zugehörigen Namen und den gegebenenfalls auszuführenden Aktivitäten oder Aktionen abgebildet. Objektwertänderungen, die im Zusammenhang mit Zustandsdiagrammen auch als *Zustandsübergänge* bezeichnet werden, symbolisiert ein Pfeil, an den der Name des jeweiligen Ereignisses angefügt wird. Optional können zusätzlich für den Übergang einzuhaltende Bedingungen sowie die Namen von auszuführenden Aktionen ergänzt werden. Auf einen Standardanfangszustand weist ein unbenannter oder mit einem Konstruktoraufruf benannter Pfeil hin, der von einem Punkt ausgeht. Falls ein Endzustand existiert – z.B. Verkaufsvorgang beendet – oder mehrere Endzustände definiert sind, werden diese durch einen Punkt in einem Kreis angezeigt. In Abbildung 3.58 ist diese Notation dargestellt.

Abbildung 3.59 zeigt ein erstes Beispiel mit dem Zustandsdiagramm einer Klasse Konto, das, stark vereinfacht, den aus Ein- und Auszahlungen bestehenden Lebenszyklus von Girokonten wiedergibt.

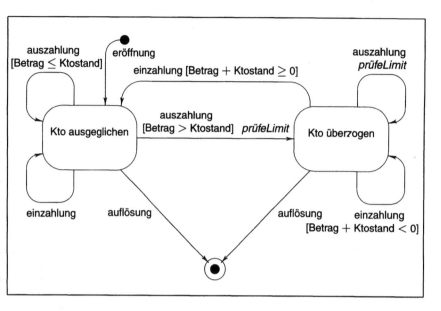

Abbildung 3.59: Das Zustandsdiagramm eines Kontos

Man erkennt, daß ein Zustandsübergang – bis auf Anfangs- und Endzustand – immer zwei Zustände miteinander verknüpft und daß von
einem Zustand Übergänge zu mehreren anderen Zuständen oder zu
sich selbst möglich sind. Von den möglichen Übergängen wird immer genau einer realisiert, d.h. es kann nie eine Situation eintreten,
in der aus einem bestimmten Zustand heraus gleichzeitig mehrere
Übergänge stattfinden, und ein Objekt befindet sich immer in genau
einem Zustand seines Zustandsdiagramms. Ereignisse desselben Namens können jedoch in Abhängigkeit von ihren Argumentwerten und
den Attributwerten des betroffenen Objekts zu unterschiedlichen Fol-
gezuständen führen. Wir modellieren diesen Sachverhalt in Anlehnung an Rumbaugh et al. (1991) durch *Übergangsbedingungen*, die
wir an die entsprechenden Pfeile anfügen. Im Beispiel verlassen etwa zwei Einzahlungsereignisse den Zustand Konto überzogen; hier entscheidet die Höhe des eingezahlten Betrags zusammen mit dem alten
Kontostand darüber, ob der neue Kontostand in diesem Modell auch
einem neuen Zustand (Konto ausgeglichen) entspricht. Ist der eingezahlte
Betrag kleiner als der auf dem Konto ausgewiesene Fehlbetrag, so ist

134 KAPITEL 3. OBJEKTORIENTIERTE SYSTEMANALYSE

die Bedingung [Betrag + Ktostand < 0] erfüllt und das Ereignis einzahlung führt trotz Attributwertänderung in denselben Zustand Konto überzogen zurück; es tritt also keine Zustandsänderung ein.

Die zu einem bestimmten Ereignis (und einem bestimmten Zustand) gehörenden Übergangsbedingungen müssen so formuliert sein, daß immer genau eine von ihnen erfüllt ist. Jeder Übergang in einem Zustandsdiagramm ist dann eindeutig durch den Zustand, in dem sich ein Objekt aktuell befindet (die Ausprägungen seiner Attribute und Objektverbindungen) und das eintreffende Ereignis determiniert. Der Weg im Zustandsdiagramm, auf dem der aktuelle Zustand erreicht wurde, also die Zustände anderer Objekte oder zurückliegende Ereignisse haben hier keinerlei Bedeutung. Sofern eine spezielle Anwendung Informationen über frühere Ereignisse benötigt, nimmt man entsprechende Ereignisobjekte als konzeptionelle Teile in die Objekte auf. Im Regelfall können derartige Informationen später durch eine Aktion wieder gelöscht werden.

Beispielsweise benötigt der Steuerungsmechanismus eines Aufzugs nicht alle Benutzereingaben seit seiner Inbetriebnahme. Es genügen vielmehr die Kenntnis des aktuellen Stockwerks und der Fahrtrichtung sowie eine Liste der noch nicht bearbeiteten Eingabeereignisse.

Ausgangspunkt für den Entwurf von Zustandsdiagrammen sind die Ereignisfolgediagramme: Betrachtet wird hierbei jeweils nur die vertikale Linie, die zu der Klasse gehört, für die ein Diagramm entworfen wird. Die an dieser Linie endenden Pfeile entsprechen Ereignissen, die bei Objekten der Klasse eintreffen. Für sie muß also ein Zustandsübergang modelliert werden, der möglicherweise mit einer Aktion des Objekts verbunden ist. Pfeile, die von dieser Linie ausgehen, korrespondieren je nach Zeitbedarf und Empfänger mit Aktivitäten oder Aktionen. (Eine Aktivität benötigt eine bestimmte Zeit zu ihrem Abschluß und führt eine Methode der eigenen Klasse aus; eine Aktion ist zu einem Zeitpunkt durchführbar und kann auch andere Klassen und Objekte als Empfänger haben.) Es ist wieder zu beachten, daß sämtliche in den Szenarios und Ereignisfolgediagrammen beschriebenen Ereignisse in die Zustandsdiagramme übernommen werden müssen.

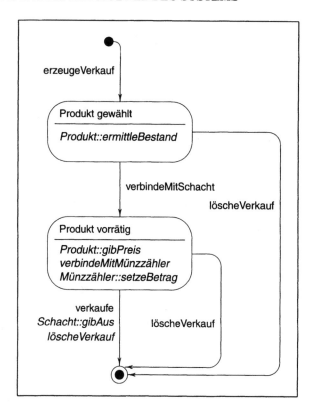

Abbildung 3.60: Das Zustandsdiagramm für die Klasse Verkauf

Die Abbildung 3.60 zeigt das Zustandsdiagramm für die Verkaufsobjekte des Beispiels 3. Der Zustand Produkt gewählt zeichnet sich dadurch aus, daß das Attribut Wahl des neu erzeugten Verkaufsobjekts gesetzt ist. Im Zustand Produkt vorrätig ist dann auch eine Objektverbindung zu einem gefüllten Schacht erzeugt worden. Die Namen der Aktionen haben wir hier um die Namen der Klassen, an deren Objekte die zugehörigen Nachrichten gesendet werden, ergänzt, um die Lesbarkeit des Diagramms zu erleichtern. Aus demselben Grund schreiben wir Aktionen, im Unterschied zu Aktivitäten, in Kursivschrift. Man kann statt dessen auch einfach /Produkt::ermittleBestand/, /Produkt::gibPreis/, /verbindeMitMünzzähler/ usw. schreiben.

In Abbildung 3.61 ist das Diagramm für die Zustände des Münzzählers dargestellt. Man kann nun sehen, wie die verschiedenen Zustands-

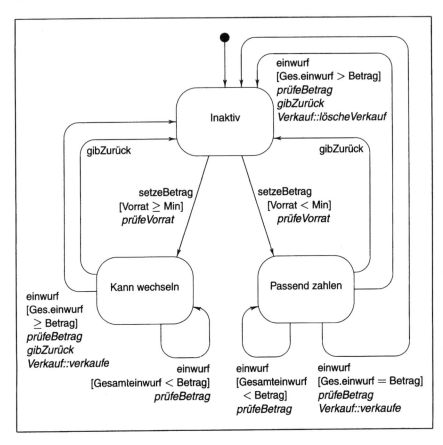

Abbildung 3.61: Das Zustandsdiagramm des Münzzählers

diagramme eines Modells dadurch miteinander verbunden sind, daß
die Aktionen des einen Diagramms die Ereignisse des anderen Diagramms auslösen: Im Beispiel bewirkt die Aktion setzeBetrag des Verkaufsobjekts den Übergang des Münzzählers vom inaktiven in einen
aktiven Zustand.

Daß wir nicht sämtliche korrespondierenden Zustandsdiagramme in
ein universelles „System-Lebenszyklusdiagramm" zusammenfassen,
liegt daran, daß dieses erheblich umfangreicher als das statische Analysemodell würde. Und bereits beim statischen Modell ist es oft nötig,
zur Wahrung der Überschaubarkeit die in Abschnitt 3.1.9 behandelten Subjekte zur Skalierung einzusetzen. Die Zusammenhänge und

das Zusammenwirken der einzelnen Objektlebenszyklen werden jedoch durch die Zustandsspezifikationen, die die Zustandsdiagramme ergänzen, weiter erläutert.

Zustandsspezifikationen

Als Basis für die Beschreibung, wie sich ein Objekt dynamisch ändert und wodurch die Änderungen bewirkt werden, müssen die verschiedenen möglichen Zustände der Objekte einer Klasse aufgedeckt und definiert werden. Wie bei den Klassenspezifikationen, die das statische Systemmodell abrunden, kann auch bei den *Zustandsspezifikationen*, die das dynamische Modell inhaltlich erläutern, eine Schablone Verwendung finden. Wir spezifizieren die einzelnen Objektzustände wie folgt:

```
Zustand < Name, Beschreibung, Attributwerte, Verbindungen,
    Aktivitäten, Aktionen >

Ereignis < Name, Sender, Argumente (Name/Datentyp), Akti-
    onen, Folgezustand bzw. Folgezustände und Bedingungen >
Ereignis ...
Ereignis ...
```

Auch dieser Spezifikationsvorschlag kann durch ein CASE-Tool bereits weitgehend ausgefüllt werden; er ist durch weitere Gliederungspunkte oder zusätzlich angefügte Unterlagen beliebig erweiterbar. Als Beispiel geben wir die Spezifikationen für zwei Zustände der Münzzählerklasse (vgl. Abbildung 3.61) an.

Zustand Inaktiv

Beschreibung: Es wird aktuell kein Verkaufsvorgang abgewickelt.

Attributwerte

(1) Der einzunehmende Betrag ist Null.

Ereignisse

(1) setzeBetrag

Sender: Ein neu erzeugtes Verkaufsobjekt

Argumente: Preis/Gleitpunktzahl

Aktionen: „prüfeVorrat" zur Untersuchung, ob der Münzvorrat zum Wechseln ausreicht, oder ob passend gezahlt werden muß.

Folgezustand: „Kann wechseln" bzw. „Passend zahlen", je nach Münzvorrat.

Zustand Passend zahlen

Beschreibung: Es wird ein passend einzuwerfender Betrag kassiert.

Attributwerte

(1) Der einzunehmende Betrag entspricht dem Preis des gewählten Produkts.

Verbindungen

(1) Es existiert eine Eins-zu-Eins-Beziehung zu einem Verkaufsobjekt.

Ereignisse

(1) einwurf   (vgl. Methoden für Klasse Münzzähler)

Sender: externe Eingabe

Argumente: Wert/Gleitpunktzahl

Aktionen: „prüfeBetrag" zur Untersuchung, ob der einzunehmende Betrag erreicht ist.

Folgezustand: „Passend zahlen", falls Gesamteinwurf < Betrag.

„Inaktiv", falls Gesamteinwurf = Betrag. Beim Zustandsübergang wird die Aktion „verkaufe" ausgelöst.

„Inaktiv", falls Gesamteinwurf > Betrag. Beim Zustandsübergang wird die Aktion „gibZurück" ausgelöst und das Verkaufsobjekt gelöscht.

(2) gibZurück   (vgl. Methoden für Klasse Münzzähler)

Sender: Tastatur (Drücken der Abbruchtaste)

Folgezustand: Inaktiv

Konsistenzregeln

Vor dem Abschluß der Arbeiten am dynamischen Modell muß die Konsistenz der erzielten Resultate nochmals überprüft werden. Sofern das statische Modell bereits mit den Ereignisfolgediagrammen abgeglichen wurde (vgl. Abschnitt 3.2.2), kann man sich auf die Kontrolle der folgenden Regeln beschränken: Die Zustandsdiagramme der verschiedenen Klassen müssen insofern zueinander „passen",

- daß für jede Aktion, die sich nicht auf ein Objekt der Klasse selbst bezieht, ein entsprechendes Ereignis in einem anderen Zustandsdiagramm oder ein entsprechendes externes Ereignis auftritt,

- daß umgekehrt jedes Ereignis von der Aktion eines anderen Zustandsdiagramms, von dem betroffenen Objekt selbst oder von einem externen System (z.B. der Systemuhr) ausgelöst wird,

- und daß schließlich jeder Zustand, der nicht Endzustand ist, auch wieder verlassen werden kann. Das heißt es muß mindestens ein Ereignis existieren, das das Verlassen des Zustands ermöglicht. Dabei kann es sich um ein Ereignis der Art Aktivität beendet oder Timer abgelaufen handeln, um eine Aktion des betroffenen Objekts selbst oder um Aktionen aus anderen Zustandsdiagrammen. Analog muß jeder Zustand, der nicht Anfangszustand ist, erreichbar sein.

In Anhang B geben wir als weiteres Beispiel das Zustandsdiagramm und die Zustandsspezifikation für den Mischer aus Beispiel 2 an.

Weiterführende Konzepte

Mit Zustandsübergängen ist oft die Ausführung von Aktionen verbunden. Beispielsweise wird bei jedem aus dem Ereignis einwurf resultierenden Verlassen eines Münzzählerzustands (vgl. Abbildung 3.61) die Aktion prüfeBetrag ausgeführt. Diese Aktion kann, da sie zu ihrer Ausführung keine Zeit benötigt, auch in den Zustand, aus dem der Übergang erfolgt, aufgenommen werden. Um die Modellsemantik nicht zu verändern, muß dies dann die letzte Aktion vor dem Verlassen

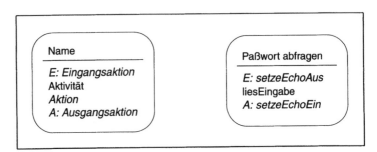

Abbildung 3.62: Notation und Beispiel für Ein- und Ausgangsaktionen

des Zustands sein. Ebenso kann es zur Vermeidung von Redundanzen sinnvoll sein, identische Aktionen, die mit den in einen bestimmten Zustand einmündenden Übergängen verknüpft sind, als erste Aktion in diesen Zustand aufzunehmen. Bei dieser Vorgehensweise ergeben sich zwei spezielle Arten von Aktionen: Eine *Eingangsaktion* ist eine Aktion, die unmittelbar mit dem Eintreten in den Zustand ausgeführt wird; eine *Ausgangsaktion* wird hingegen direkt im Zusammenhang mit dem Verlassen des Zustands als letzte Aktion durchgeführt. Ein- und Ausgangsaktionen kennzeichnen wir im entsprechenden Zustandsdiagramm durch ein vorangestelltes *E:* bzw. *A:* – vgl. Abbildung 3.62, linke Seite. Auf der rechten Seite der Abbildung ist ein erstes Beispiel für den Einsatz dieser speziellen Aktionen gegeben. Beim Eintritt in den Zustand Paßwort abfragen wird die Eingangsaktion setzeEchoAus ausgeführt, und unmittelbar vor dem Verlassen des Zustands wird mittels setzeEchoEin der ursprüngliche Anzeigemodus wiederhergestellt.

Abbildung 3.63 zeigt ein überarbeitetes Zustandsdiagramm der Münzzähler-Klasse. Im Vergleich zur Abbildung 3.61 wird deutlich, daß die Überprüfung der Übergangsbedingungen sinnvoll in den Ausgangsaktionen vorgenommen werden kann und zu einer Vereinfachung des Zustandsdiagramms führt. Beim Abbruch des Verkaufsvorgangs kann das prüfeBetrag-Resultat ignoriert werden.

Bemerkung

Zum Abschluß dieses Abschnitts wollen wir noch auf die auf Harel (1987) zurückgehenden Vorschläge zur Skalierung von Zustands-

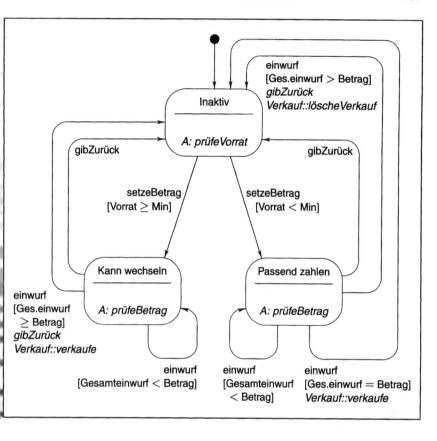

Abbildung 3.63: Zustände mit Ausgangsaktionen

diagrammen hinweisen, die in vergleichbarer Form in Booch (1994),
Martin und Odell (1995) und Rumbaugh (1995) verwendet werden.
Hierbei schachtelt man Zustände ähnlich wie Ereignisfolgediagram-
me ineinander (vgl. Abschnitt 3.2.2, S. 121), um so auf mehreren

halten. Diese Schachtelung ist unseres Erachtens im wesentlichen bei
der Modellierung von Vererbungsstrukturen sinnvoll einsetzbar, wobei
hier die Zustandsdiagramme der abgeleiteten Klassen diejenigen der
Basisklassen enthalten und verfeinern. Beispiele hierzu findet man
in Carmichael (1994).

3.3   Das funktionale Modell des Systems

Nachdem wir in den beiden vorangegangenen Abschnitten die statische Struktur und das dynamische Verhalten der Objekte innerhalb des zu modellierenden Systems beschrieben haben, werden wir in diesem Abschnitt die Systemfunktionalität behandeln. Ergebnis dieses Analyseschritts ist eine *algorithmische Beschreibung* der wichtigsten in den beiden anderen Systemsichten identifizierten Methoden bzw. Aktivitäten, die wir bisher eher global nur mit ihren Namen, Argumenten und kurzen Beschreibungen charakterisiert haben. Genauso wie die Erstellung des dynamischen Systemmodells erfolgt der Entwurf des funktionalen Modells auf Klassenebene, d.h. die in diesem Abschnitt entstehenden Dokumente sind wie die Zustandsdiagramme jeweils auf die Objekte einer einzigen Klasse bezogen.

Im Laufe der Entwicklung eines Systems wird das statische Modell als erstes Gestalt annehmen und aus seinen Klassen und Objekten mit ihren Strukturen und Beziehungen bildet sich schnell eine stabile Basis. Das Systemverhalten, also die Objektkommunikation und die Reaktion auf externe Ereignisse, wird erst später grundsätzlich verstanden und in der dynamischen Sicht relativ fest abgebildet sein. Die konkrete Funktionalität der von den Objekten bereitgestellten Methoden ist dagegen der Teil des Systemmodells, der den häufigsten und gravierendsten Änderungen unterworfen sein wird und erst durch wiederholte Tests von Designresultaten und existierendem Code in seine endgültige Form gelangt.

Es ist deshalb kaum sinnvoll, für alle Methoden eine detaillierte funktionale Beschreibung, die sich nur wenig vom daraus enstehenden Code unterscheidet, anzufertigen – es sei denn, man verfügt über ein CASE-Tool, das Code in derartige Beschreibungen umsetzen kann und umgekehrt auch Code generiert, so daß Modell und Implementation immer den gleichen Entwicklungsstand wiedergeben. Vielmehr wollen wir in der funktionalen Sicht – implementationsunabhängig – lediglich die grundlegenden, für das Verständnis der Aufgaben einer Methode als wichtig erkannten Sachverhalte festhalten.

In Beispiel 2 etwa ist die richtige Reihenfolge des Öffnens und Schließens der

Ventile von Vorratstanks und Mischtanks beim Einfüllen der Basisprodukte und das in der Realität noch erforderliche Einschalten der verschiedenen Pumpen wichtig.

Für den Münzzähler aus Beispiel 3 ist es sinnvoll, festzulegen, daß bei der Rückgabe des Restbetrags möglichst wenige Münzen auszugeben sind und wie man dies erreicht.

Da eine umgangssprachliche Formulierung zur beabsichtigten präzisen Charakterisierung und Dokumentation funktionaler Abläufe eher ungeeignet erscheint, wurden bereits während der Entwicklung strukturierter Analyse- und Designtechniken verschiedene Hilfsmittel zur Funktionsspezifikation bereitgestellt, beispielsweise

- Strukturierte Sprache,

- Entscheidungsbäume oder -tabellen,

- Programmablaufpläne („Flußdiagramme"),

- Struktogramme oder

- Pseudocode.

Eine durch viele Beispiele illustrierte Übersicht hierzu findet man in Gane und Sarson (1979). Bei der Auswahl eines geeigneten Hilfsmittels kommt es hier darauf an, daß die Darstellung für alle an der Analyse Beteiligten verständlich, klar und eindeutig ist und im Idealfall von einem CASE-Tool unterstützt wird.

Wir werden uns bei der Erstellung des funktionalen Modells auf die Verwendung von Struktogrammen und Pseudocode beschränken und gehen zudem kritisch auf die in der objektorientierten Literatur gelegentlich empfohlene Benutzung von Datenflußdiagrammen ein. Die klassischen, aus der strukturierten Analyse bekannten Ansätze von DeMarco (1979) und Yourdon (1989) werden dort mit kleineren Erweiterungen als „Object-flow Diagrams" (Martin und Odell (1992)), als „Data Flow Diagrams" (Rumbaugh et al. (1991)) bzw. als „Action Data Flow Diagrams" (Shlaer und Mellor (1992)) eingesetzt.

Wie die statischen und dynamischen Modelle können auch die Beschreibungen der Algorithmen durch Ergänzungen, z.B. Funktionsgraphen, Tabellen oder mathematische Gleichungen, sinnvoll erweitert und veranschaulicht werden. Die Erarbeitung und Zusammenstellung dieser Dokumente dient der Diskussion und Klärung funktionaler Details aus dem Problembereich, die zusammen mit den Systementwicklern und den späteren Systemanwendern erfolgen muß.

Auf Überlegungen zur Effizienz der modellierten Funktionen kann in den frühen Entwicklungsphasen verzichtet werden; so wird man, sofern eine Methode eine nach einem bestimmten Attribut sortierte Liste von Objekten benötigt, beispielsweise lediglich eine Pseudocode-Anweisung Sortiere X1, ..., Xn nach Y verwenden und die Auswahl eines geeigneten Verfahrens im Design vornehmen.

Bemerkung

Wie oben erläutert, bezweckt man mit dem funktionalen Modellieren die Festschreibung von in Zusammenarbeit mit den Anwendern als wichtig erkannten Methoden und gegebenenfalls von Bedingungen für ihren korrekten Ablauf. Da hier also nur Teile des statischen und dynamischen Modells vertieft werden, mag es zweifelhaft erscheinen, ob es gerechtfertigt ist, von einem eigenständigen funktionalen *Modell* zu sprechen.

3.3.1 Struktogramme

Struktogramme sind ein häufig eingesetztes grafisches Hilfsmittel zur exakten Beschreibung von Methoden. Sie sind im Rahmen der „strukturierten Programmierung" entstanden (vgl. Nassi und Shneiderman (1973)) und basieren auf *Strukturblöcken* mit folgenden Eigenschaften:

- Die obere Linie eines Strukturblocks bedeutet den Beginn, die untere Linie das Ende der Verarbeitung.

- Der Kontrollfluß verläuft von oben nach unten.

- Jeder Strukturblock erhält die Kontrolle von dem direkt über ihm stehenden Block und gibt sie an genau einen direkt unter ihm stehenden Block weiter.

Strukturblöcke bestehen aus den Grundelementen *Folge, Wiederholung* und *Verzweigung*, die geschachtelt werden können. In ihrer klassischen Arbeit haben Böhm und Jacopini (1966) gezeigt, daß jedes Programm durch Kombinationen dieser drei Bausteine realisiert werden kann.

In Abbildung 3.64 sind die Grundelemente eines Struktogramms, entsprechend der Norm DIN 66261, zusammengestellt. Wir geben hier einige kurze Erläuterungen zur Bedeutung der Sinnbilder:

Bei einem elementaren Verarbeitungsblock wird die in ihm enthaltene Anweisung ausgeführt; bei einer Folge von Blöcken werden die Verarbeitungsschritte 1 bis n nacheinander ausgeführt.

Bei einer Wiederholung mit vorausgehender Prüfung wird zunächst die Bedingung betrachtet. Ist sie erfüllt, wird die Verarbeitung vorgenommen und der ganze Wiederholungsblock erneut durchlaufen; anderenfalls ist die Bearbeitung des Wiederholungsblocks beendet.

Bei einer Wiederholung mit nachfolgender Prüfung wird zunächst die Verarbeitung vorgenommen und daran anschließend die Bedingung geprüft. Ist sie nicht erfüllt, wird der ganze Wiederholungsblock erneut durchlaufen. Falls sie erfüllt ist, ist die Bearbeitung des Wiederholungsblocks beendet.

Bei einer bedingten Verarbeitung wird der Verarbeitungsblock nur dann ausgeführt, wenn die Bedingung erfüllt ist.

Bei einer einfachen Alternative wird als erstes die Bedingung betrachtet. Ist sie erfüllt, wird die Verarbeitung 1 vorgenommen; anderenfalls wird Verarbeitung 2 durchgeführt.

Im Fall einer mehrfachen Alternative wird diejenige Bedingung aus B_1, $\ldots$, B_n ermittelt, die erfüllt ist, und dann die zugehörige Verarbeitung vorgenommen.

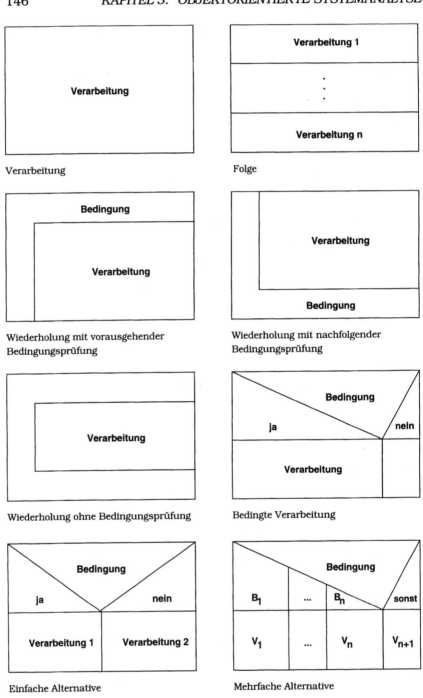

Abbildung 3.64: Grundelemente von Struktogrammen

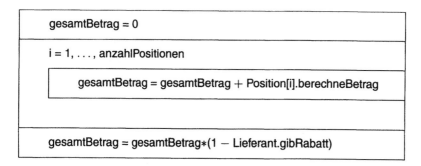

Abbildung 3.65: *Struktogramm der Methode* berechneGesamtbetrag

Die Abbildung 3.65 zeigt das Struktogramm für die Methode berechne-Gesamtbetrag der Klasse Bestellung aus Beispiel 1. Für die Darstellung des Zugriffs auf die Elemente eines Feldes oder einer geordneten Liste haben wir die herkömmliche Schreibweise Feld[index] benutzt, und beim Zugriff auf die Attribute oder beim Aufruf von Methoden eines Objekts verwenden wir – in Anlehnung an die Sprachen C++ und Eiffel – die „Punktnotation" Objekt.methode.

Wie der Automat aus Beispiel 3 mittels der Methode gibZurück die Ausgabe des Restgeldes (oder des insgesamt eingeworfenen Betrages im Fall des Abbruchs bzw. wenn nicht passend gezahlt wurde) vornimmt, ist in der Abbildung 3.66 durch ein Struktogramm beschrieben.

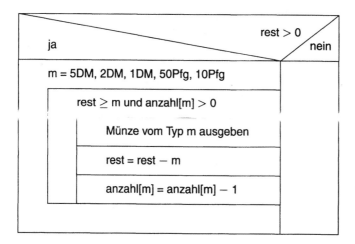

Abbildung 3.66: *Struktogramm der Methode* gibZurück

```
DO-WHILE Bedingung              REPEAT
    Verarbeitung                    Verarbeitung
END-DO                          UNTIL Bedingung


DO-FOR ...                      IF Bedingung
    Verarbeitung                    Verarbeitung
END-DO                          END-IF


IF Bedingung                    DO-CASE
    Verarbeitung 1              CASE Bedingung 1
ELSE                                Verarbeitung 1
    Verarbeitung 2              ...
END-IF                          CASE Bedingung n
                                    Verarbeitung n
                                OTHERWISE
                                    Verarbeitung n+1
                                END-DO
```

Abbildung 3.67: Programmgrundelemente in Pseudocode

Ob die Struktogrammdarstellung einer Methode mit ihren grafischen
Grundelementen für das Erkennen der möglichen Kontrollflüsse hilfreich ist und somit das Modellverständnis unterstützt oder ob es
sich dabei lediglich um aufwendig „eingerahmte" Anweisungen handelt, kann unseres Erachtens nicht generell entschieden werden. Hier
kommt es auf die Präferenzen und den Erfahrungsstand der an der
Systementwicklung beteiligten Anwender an.

3.3.2 Pseudocode

Wie eine Struktogrammdarstellung verwendet auch die *Pseudocode-*
Beschreibung einer Methode die Grundmuster: Folge, Wiederholung
und Verzweigung. Die dort grafisch vermittelte Information über die
unterschiedlichen Kontrollstrukturen wird nun jedoch durch DO–END-
Schlüsselwörter ersetzt. In Abbildung 3.67 sind die Programmelemen-
te der Abbildung 3.64 in der gleichen Reihenfolge (mit Ausnahme der
„Verarbeitung" und der „Folge") in Pseudocode wiedergegeben.

```
IF  rest > 0
        DO-FOR  m = 5DM, 2DM, 1DM, 50Pfg, 10Pfg
            DO-WHILE  rest ≥ m und anzahl[m] > 0
            Münze vom Typ m ausgeben
            rest = rest − m
            anzahl[m] = anzahl[m] − 1
            END-DO
        END-DO
END-IF
```

Abbildung 3.68: Pseudocode der Methode gibZurück

Zur besseren Lesbarkeit des Codes halten wir uns an die Konvention, die Schlüsselwörter jeweils in Großbuchstaben zu schreiben und Verarbeitungsblöcke oder -folgen übersichtlich einzurücken.

Beschreibt man die Methoden gibZurück des Beispiels 3 in Pseudocode, so ergibt sich das in Abbildung 3.68 gezeigte Resultat. (Vgl. hierzu Abbildung 3.66.)

3.3.3 Spezielle Datenflußdiagramme

Die zur Top-Down-Zerlegung von Systemen und ihrer Funktionalität entwickelten, auf DeMarco (1979) zurückgehenden *Datenflußdiagramme* werden von Martin und Odell (1992), Rumbaugh et al. (1991) und Shlaer und Mellor (1992) auch in der objektorientierten Analyse zur Methodenmodellierung verwendet.

Wir wollen hier kurz die wesentlichen Charakteristika dieser strukturierten Analysetechnik rekapitulieren:

- Datenflüsse werden durch Pfeile, Kontrollflüsse durch gestrichelte Pfeile, Prozesse durch Kreise oder Ellipsen, Dateien durch gerade Linien und Datenquellen oder -senken durch Rechtecke dargestellt.

- Die Pfeile, Kreise usw. werden mit den Namen der transportierten Daten, der zur Verarbeitung benötigten Prozesse usw. beschriftet.

- Jeder Prozeß kann durch ein neues Datenflußdiagramm genauer spezifiziert werden, wobei eine Reihe von Konsistenzregeln (vgl. DeMarco (1979) und Yourdon (1989)) einzuhalten sind; z.B. müssen genau die in einen Prozeß einmündenden Datenflüsse auch in das Datenflußdiagramm einmünden, das diesen Prozeß verfeinert.

- Die hierarchische Verfeinerung wird beendet, wenn jeder Prozeß der „untersten" Hierarchieebene auf etwa einer Textseite durch Pseudocode, ein Struktogramm oder eine vergleichbare Spezifikation beschrieben werden kann.

Als Besonderheit beim Einsatz von Datenflußdiagrammen im Rahmen der objektorientierten Entwicklung wird darauf hingewiesen, daß die fließenden Daten nun Objekte oder Attributwerte sind, daß also Prozesse (Teil-)Objekte in neue (Teil-)Objekte transformieren, daß die Dateien persistente Objekte enthalten und daß den Datenquellen und -senken externe Systeme entsprechen.

Mit dieser Darstellungstechnik erhält man für die Berechnung des Gesamtbetrags einer Bestellung aus Beispiel 1 das in Abbildung 3.69 wiedergegebene Diagramm. (Vgl. hierzu auch Abbildung 3.65.) Bereits an diesem sehr kleinen Beispiel kann man erkennen, daß die Verwendung von Datenflußdiagrammen zur Abrundung der statischen und dynamischen Modelle mittels der funktionalen Sicht methodisch nicht grundsätzlich gerechtfertigt ist – Anhang B gibt ein weiteres Beispiel. Unseres Erachtens wird hier ein mächtiges (strukturiertes) Analyseverfahren, das durch eine Reihe von CASE-Tools gut unterstützt ist, möglicherweise deplaziert eingesetzt: In Rumbaugh et al. (1991) wird beispielsweise vorgeschlagen, mit Datenflußdiagrammen die Bedeutung der jeweiligen Methoden einer Klasse zu spezifizieren und dabei gegebenenfalls über verschiedene Ebenen zu verfeinern. Shlaer und Mellor (1992) verzichten ganz auf Hierarchisierung und entwerfen, ausgehend von den Klassenzustandsdiagrammen, für jeden Zustand bzw. seine Aktivitäten ein eigenes („flaches") Datenflußdiagramm.

Bei objektorientierter Entwicklung wird sich aber die funktionale Beschreibung einer Methode durch Delegation, Polymorphismus und

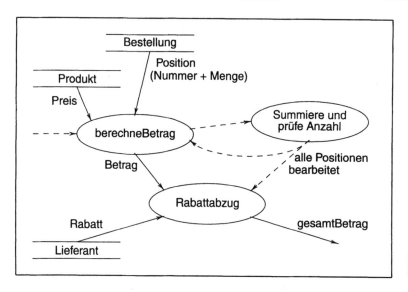

Abbildung 3.69: Ein Datenflußdiagramm für Beispiel 1

Wiederverwendung im Vergleich zum klassischen „eine Seite"-Umfang reduzieren. Dies spiegelt sich entsprechend auch bei der schließlich implementierten Codegröße wider. Plum und Saks (1991) empfehlen eine Länge von weniger als 20 Codezeilen (ohne Kommentarzeilen) für die Implementierung von C++-Methoden; in Love (1993) werden als Durchschnittswerte für die geschilderten Softwareprojekte 10–15 Methoden pro Klasse und 20 Codezeilen pro Methode genannt – vergleichbare Zahlen haben auch Lorenz und Kidd (1994) bei konkreten Projekten gemessen; Coad und Yourdon (1991b) geben eine durchschnittliche Länge von 5,5 Smalltalk-Zeilen je Methode ihres Analysetools OOATool an. Zur Charakterisierung solch kleiner Funktionseinheiten ziehen wir die Verwendung von Struktogrammen oder Pseudocode vor, sofern neben dem Quellcode überhaupt noch weitere Dokumente benötigt werden.

Resümee

Mit der Erstellung des funktionalen Modells ist das zu modellierende System vollständig beschrieben. Das statische Systemmodell zeigt *mit wem* (welchen Objekten und externen Systemen) das zu entwickelnde Programm zusammenarbeitet bzw. welche Objekte bearbeitet und verändert werden. Es stellt dazu den Aufbau der Klassen und ihrer Objekte, die Strukturen der Klassen untereinander, die Beziehungen zwischen Objekten sowie ansatzweise die Methoden und den zu ihrem Aufruf führenden Nachrichtenversand dar. Im dynamischen Systemmodell wird beschrieben, *wann* diese Kommunikation zwischen den Objekten, externen Systemen und Benutzern stattfindet und in welcher Reihenfolge Objekte erzeugt werden, sich verändern, Verbindungen zu anderen Objekten auf- und abbauen, Nachrichten versenden und empfangen und wieder zerstört werden. *Wie* diese unterschiedlichen Kontrollflüsse innerhalb der einzelnen von den Objektaktivitäten verursachten Methodenaufrufen algorithmisch umgesetzt werden können und wie dabei die mit dem System ausgetauschten bzw. innerhalb des Systems verwalteten Objektdaten verarbeitet werden, wird schließlich für ausgesuchte Methoden im funktionalen Systemmodell festgehalten.

Der Beitrag dieser drei Teilmodelle zum Gesamtmodell ist abhängig vom Typ des zu analysierenden Problems. Für die Darstellung eines Informationssystems mit geringer Funktionalität kommen der dynamischen und der funktionalen Sicht auf das System beispielsweise eine geringere Bedeutung zu als in einem Produktionssteuerungssystem.

Nach Fertigstellung aller Modelle muß jede Klasse mit einer Klassenspezifikation beschrieben sein. Für Klassen, deren Objekte sich ereignisabhängig verändern, ist die Dokumentation durch ein Zustandsdiagramm mit den zugehörigen Zustandsspezifikationen zu ergänzen. Klassenmethoden, deren Aufgaben bereits in frühen Entwicklungsphasen problembereichsbezogen und implementationsunabhängig spezifiziert werden können, sollten eine Methodenbeschreibung in Form eines Struktogramms oder in Pseudocode erhalten.

Kapitel 4

Objektorientierte
Entwurfsmuster

Die Wiederverwendung bereits vorhandener Ergebnisse aus früheren
Projekten in vergleichbaren Problembereichen oder mit ähnlicher Systemverantwortlichkeit wird als einer der wichtigsten Vorteile objektorientierter Softwareentwicklung angesehen. In diesem Kapitel wollen
wir Möglichkeiten zur Wiederverwendung von Analyseergebnissen behandeln.

In den Phasen Design und Implementierung ist die Konstruktion neuer Softwaresysteme unter Verwendung von vorgefertigten *Entwurfsmustern* bereits weit verbreitet – vgl. beispielsweise Coplien und Schmidt
(1995) oder Gamma et al. (1995). Unter einem Entwurfsmuster oder
„Pattern" wird hierbei eine Gruppe von Klassen mit typischer Struktur
(Vererbungs- und Aggregationsbeziehungen) und Interaktion (Objekt-
und Nachrichtenverbindungen und deren Nutzung) verstanden. Oft
stammen diese Klassengruppen aus problembereichsspezifischen Bibliotheken, liegen daher bereits mit Code vor und können dann ohne
weitere Modifikation in die eigene Implementation übernommen werden. Typische Beispiele für derartige Design- bzw. Implementations-
muster findet man in Klassenbibliotheken mit Menü- und Fenster-
klassen, mit Klassen zum Verwalten von Objekten in Datenbanken
oder mit Klassen, die asynchrone Methodenaufrufe oder den Nachrichtenversand in Rechnernetzen ermöglichen.

Vorschläge zur Übertragung des Vorgehens aus Design und Implementierung in die objektorientierte Systemanalyse gehen auf Coad (1992) zurück und wurden u.a. in Coad et al. (1995) erweitert. Die zu Beginn des Entwicklungsprozesses, also bereits in der Analyse verwendbaren Entwurfsmuster sind lediglich Schablonen für Gruppen kooperierender Klassen und Objekte. Sie werden erst bei ihrer Aufnahme in ein Analysemodell mit den jeweiligen problembereichsbezogenen Detailinformation ausgefüllt; zum Beispiel ersetzt man allgemeine Klassen-, Attribut- und Methodennamen durch Bezeichnungen aus dem Problembereich, ergänzt oder streicht Attribute und Methoden, paßt Kardinalitätsangaben genauer an, legt Wertebereiche fest usw. Eine so entstehende konkrete Musteranwendung wird auch als Instanz des Entwurfsmusters bezeichnet.

Neben zwei *Basismustern*, ohne die kein Analysemodell auskommen wird, nämlich

einerseits der allgemeinen Beschreibung eines Objekts, das mit einem anderen Objekt verbunden ist, um die Ausführung von dessen Methoden anfordern zu können (vgl. Abbildung 3.42, S. 97)

und andererseits der Charakterisierung von Objekten, die selbst wieder aus Objekten bestehen und Teile ihrer Aufgaben an die Teilobjekte delegieren (vgl. die physisch existente Gesamtheit-Teil-Struktur, die Container-Inhalt-Struktur und die konzeptionelle Gesamtheit-Teil-Struktur, Abbildungen 3.35–3.37)

treten drei weitere Typen von Entwurfsmustern in vielen Praxisanwendungen auf: Die Gruppe der *Planmuster* unterstützt die Modellierung von Plänen oder Konzepten, deren einzelnen Stufen und ihrer schrittweisen Ausführung bzw. Realisierung. *Transaktionsmuster* beschreiben Vorgänge oder Ereignisse, über deren Eintreten und Behandlung das System Informationen speichern muß. Mit dem *Darsteller-Rollen-Muster* gewinnt man Flexibilität in bezug auf die Einschränkung, daß ein Objekt nach seiner Erzeugung seine Klasse nicht mehr wechseln kann.

Eine weitere in Coad et al. (1995) diskutierte Kategorie von *Interaktionsmustern* beschreibt das Zusammenspiel mehrerer Objekte über

Prozeß- und Rechnergrenzen hinweg. Da für diese Probleme bereits Designmuster und Klassenbibliotheken verfügbar sind – vgl. z.B. Coplien und Schmidt (1995) und OMG (1995b) –, gehen wir nicht weiter auf sie ein und besprechen im folgenden den Einsatz von Plan- und Transaktionsmustern anhand unserer beiden ersten Beispiele.

4.1 Ausgewählte Entwurfsmuster

Planmuster

Zur Darstellung des Einsatzes von Planmustern erweitern wir zunächst das Beispiel 2 um einige neue Anforderungen im Problembereich.

Bei der Modellierung komplexerer Produktionsvorgänge ist es notwendig, daß die Objekte der Klasse Rezeptur neben ihren Bestandteilen auch die Beschreibung der bei ihrer Herstellung auszuführenden Tätigkeiten enthalten. Die Herstellung einer Rezeptur erfolgt in mehreren Phasen, z.B. in unterschiedlich langen Mischintervallen mit verschiedenen Mischerdrehzahlen. Passend zu dieser detaillierteren Modellierung der Rezepturen soll auch für jeden Produktionsvorgang die tatsächliche, schrittweise Ausführung der einzelnen Stufen abgebildet werden.

Wir setzen hier auf der Rezepturseite die in Abbildung 4.1 dargestellte Aggregation Plan-Planstufe ein. Mit Objekten der Klasse Plan soll dabei die Art und Weise (Vorschriften, Reihenfolgen, Zeitdauern, Verantwortlichkeiten), in der das geplante Vorhaben verwirklicht werden kann, beschrieben werden. Allgemein kann man Planobjekte durch Attribute wie Name, Beschreibung usw. sowie durch die verschiedenen Stufen, Abschnitte oder Phasen, die zur Ausführung nötig sind, charakterisieren. Die einzelnen Planstufen können je nach Anwendung geordnet sein. Typische Methoden der Klasse Plan berechnen die Gesamtdauer bei planmäßiger Ausführung oder ermitteln den Ressourcenbedarf des gesamten Plans.

Setzt man dieses Muster in der Entwicklung des Analysemodells von Beispiel 2 ein, so entspricht die Rezeptur einem Plan und die Planstufen werden zu geordneten Phasenobjekten. Abbildung 4.2 zeigt das ausge-

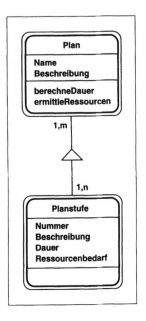

Abbildung 4.1: Das Plan-Planstufe-Muster

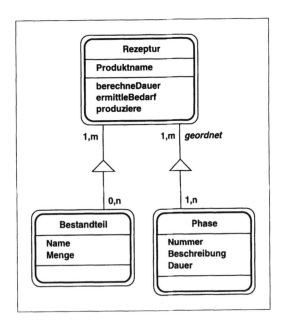

Abbildung 4.2: Beispiel für einen Einsatz des Plan-Planstufe-Musters

füllte Plan-Planstufe-Muster. Die einzelnen Bestandteile einer Rezeptur sind hier als Rezeptur-Teile modelliert. Bei weiterer Verfeinerung kann man sie als konzeptionelle Teile den jeweiligen Phasen zuordnen.

Neben der Festlegung der vorgesehenen oder vorgeschriebenen Verwirklichung eines Plans, kann auch die Erfassung und Speicherung der konkreten Realisierung von Plänen in die Systemverantwortlichkeit fallen. In Beispiel 2 haben wir hierzu bisher die Objekte der Klasse Produktion benutzt, die jeweils mit genau einem Rezeptur-Objekt verbunden sind und dessen Herstellung dokumentieren. Bei Plänen, die mehrere Stufen umfassen, ist es oft erforderlich, nicht nur die Ausführung des Gesamtplans, sondern auch die seiner einzelnen Schritte im Analysemodell abzubilden. Abbildung 4.3 zeigt, wie dies unter Anwendung des Planausführung-Ausführungsschritt-Musters geschehen kann. Auf der linken Seite ist das abstrakte Muster und

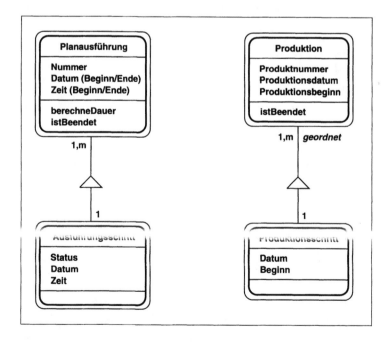

Abbildung 4.3: Planausführung-Ausführungsschritt-Muster und Anwendungsbeispiel

rechts seine Anwendung auf das konkrete Problem abgebildet. In
der Regel ist es erforderlich, für Planausführungen und ihre einzelnen Schritte den Beginn und das Ende und damit implizit die
Ausführungsdauer festzuhalten. Bei den Teilschritten kann die Modellierung eines Attributs Status sinnvoll sein, das eine erfolgreiche
bzw. fehlerhafte oder abgebrochene Ausführung anzeigt. Typische Methoden der Klasse Planausführung sind dann berechneDauer, zur Berechnung der für die noch auszuführenden Schritte benötigten Zeit und
istBeendet, zum Feststellen, ob der gesamte Plan abgearbeitet wurde.
Für Beispiel 2 ergibt sich bei den Datum/Zeit-Attributen eine Vereinfachung, da ein Produktionsprozeß immer nach Ablauf der in den
Rezepturphasen festgelegten Mischzeiten beendet ist.

Die beiden bisher beschriebenen Entwurfsmuster werden in der Systemanalyse häufig miteinander kombiniert. Ein Plan steht dann
in einer Eins-zu-N-Beziehung zu seinen Ausführungen. Übertragen
auf unser Beispiel 2 wird die Herstellung einer Rezeptur durch die
entsprechenden Produktionsobjekte dargestellt. Die Beziehung zwischen den korrespondierenden Rezeptur-Phasen und den zugehörigen
Produktionsschritten wird analog modelliert. Abbildung 4.4 zeigt diese Planmuster-Anwendung. Genaugenommen kooperieren hier vier
Entwurfsmuster:

1. Plan-Planstufe-Muster (Rezeptur – Phase),

2. Planausführung-Ausführungsschritt-Muster (Produktion – Produktionsschritt),

3. Plan-Planausführung-Muster (Rezeptur – Produktion) und

4. Planstufe-Ausführungsschritt-Muster (Phase – Produktionsschritt).

Coad et al. (1995) schlagen noch ein weiteres Plan-Entwurfsmuster
vor, mit dessen Hilfe mehrere Versionen eines Plans verwaltet werden
können. Unseres Erachtens ist es jedoch in den meisten Fällen ausreichend, Informationen über die Version als Attribute eines Plans zu
modellieren.

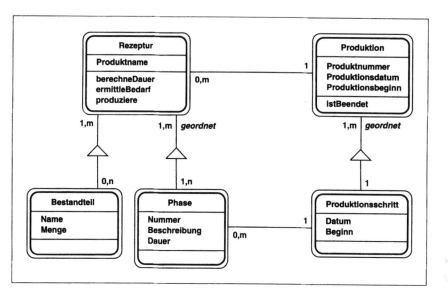

Abbildung 4.4: Kombination von Planmustern

Transaktionsmuster

Die Gruppe der Transaktionsmuster und ihren Einsatz behandeln wir anhand von Beispiel 1, dessen Problemspezifikation dazu wie folgt erweitert wird.

Neben dem Bestellwesen sollen jetzt zusätzlich die Informationen, die im Zusammenhang mit Lieferungen und Inventarisierungen benötigt werden, in das System aufgenommen werden. Zu jeder Bestellung gibt es eine oder mehrere Lieferungen, die aus einer oder mehreren Lieferpositionen bestehen. Die gelieferten Produkte müssen inventarisiert werden; dabei sind der Standort (Adresse, Stockwerk und Raumnummer), das Datum und eine Inventar-Nummer festzuhalten.

Unter Transaktionen versteht man in der objektorientierten Systemanalyse Objekt-Interaktionen, die Vertragscharakter besitzen und über deren Vorbereitung oder Zustandekommen im System Informationen benötigt werden (vgl. Abschnitt 3.1.3). Eine Transaktion findet zu einem bestimmten Zeitpunkt statt und „kennt" die Objekte, die an ihrer Durchführung beteiligt sind.

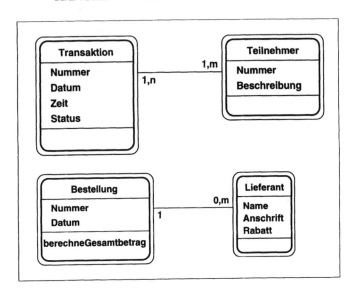

*Abbildung 4.5: Transaktion-Teilnehmer-Muster und Anwendungsbei-
spiel*

Beispiele für Transaktionen sind die Bestellung, Lieferung oder Rückgabe einer Ware, ein Vertragsabschluß oder eine Ein- bzw. Auszahlung
für ein Konto. Beteiligte Objekte sind hier die Kunden, Lieferanten,
Vertragspartner, Konten oder Kontoinhaber. Das in Abbildung 4.5
dargestellte Transaktion-Teilnehmer-Muster modelliert den Zusammenhang zwischen Objekten der Klasse Transaktion und Objekten der
Klasse Teilnehmer. Als Transaktions-Attribute kommen hier Nummer,
Datum, Zeit, Status usw. in Frage – wesentliche Eigenschaften der Teilnehmer können erst unter Berücksichtigung des Problembereichs bestimmt werden. Der Nachrichtenaustausch zwischen den beteiligten Klassen betrifft meist implizite Methoden, z.B. mit Aufrufen, die
für einen Teilnehmer Informationen aus der Menge der assoziierten
Transaktionen bestimmen und umgekehrt. In der unteren Hälfte der
Abbildung sieht man, daß sich der bereits in Abschnitt 3.1.7 erarbei-
tete Zusammenhang zwischen einer Bestellung und dem zugehörigen
Lieferanten durch Ausfüllen der Schablone ergibt.

Oft sind Transaktionen an einen bestimmten Ort gekoppelt. So gibt
es für Lieferungen einen Lieferort oder für Verträge einen Erfüllungs-

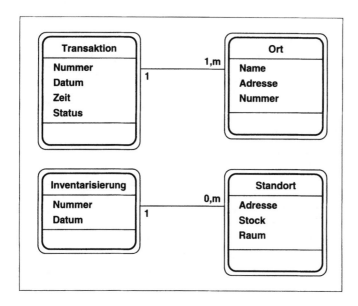

Abbildung 4.6: Transaktion-Ort-Muster und Anwendungsbeispiel

ort. Das Transaktion-Ort-Muster, das in Abbildung 4.6 dargestellt ist, beschreibt diese Verbindung. Die für den Ort relevanten Attribute sind auch hier wieder problembereichsabhängig zu definieren. Eine Anwendung der Schablone für Beispiel 1 ist in der unteren Hälfte der Abbildung angegeben und modelliert die Beziehung zwischen inventarisierten Produkten und ihrem Standort.

Wenn Transaktionen einen bestimmten Gegenstand betreffen, ist es zweckmäßig, diesen Gegenstand mit einer eigenen Klasse, deren Objekte mit den Transaktionsobjekten verbunden sind, in das Analysemodell aufzunehmen. Wir benutzen hierzu das Transaktion-Gegenstand-Muster, das mit seiner Schablone und einer Anwendung auf Beispiel 1 in Abbildung 4.7 gezeigt ist.

In Abschnitt 3.1.7 (S. 96) hatten wir am Beispiel von Produkten die Unterscheidung zwischen konkreten Gegenständen und abstrakten Gegenstandsspezifikationen behandelt. Falls ein derartiger Gegenstandstyp konzeptionell an Transaktionen teilhaben kann, ist das Entwurfsmuster – leicht modifiziert – auch als Transaktion-Beschreibung-Muster einsetzbar.

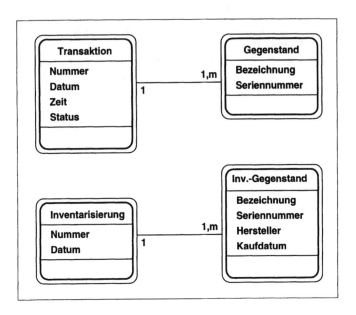

Abbildung 4.7: Transaktion-Gegenstand-Muster

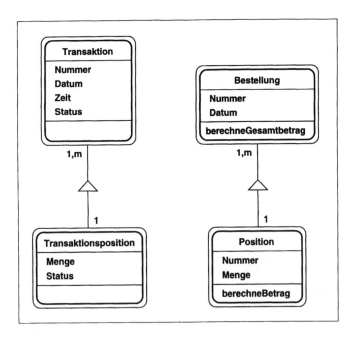

Abbildung 4.8: Transaktion-Transaktionsposition-Muster

Transaktionen bestehen fast immer aus mehreren Transaktionspositionen. Eine Bestellung enthält mehrere Bestellpositionen, eine Lieferung umfaßt mehrere Teillieferungen, zu einer Übereinkunft über ein Wertpapiergeschäft gehören verschiedene Finanztransaktionen usw. Entsprechend häufig kann man in der Systemanalyse das Transaktion-Transaktionsposition-Muster einsetzen, das in Abbildung 4.8 links dargestellt ist.

Der rechte Teil von Abbildung 4.8 zeigt die Übertragung des Transaktion-Transaktionsposition-Musters auf die Klassen Bestellung und Position aus Beispiel 1. Diese Struktur hatten wir in Abschnitt 3.1 bereits mehrfach behandelt.

Es ist naheliegend, daß auch einzelne Transaktionspositionen in der gleichen Weise, in der die gesamte Transaktion mit einem Gegenstand oder einer Beschreibung verbunden sein kann (Abbildung 4.7), durch Objekte der Klassen Beschreibung oder Gegenstand genauer spezifiziert werden können. Auf die Darstellung dieses Transaktionsposition-Gegenstand- bzw. Transaktionsposition-Beschreibung-Musters, das auch bezüglich der Kardinalitäten der verbundenen Objekte vollständig mit dem Transaktion-Gegenstand-Muster übereinstimmt, können wir hier verzichten.

Mit den bisher behandelten Transaktionsmustern ist es möglich, das statische Modell für die ursprüngliche Version von Beispiel 1 – siehe Abbildung 3.41 – komplett zu entwickeln. Die benötigten Muster sind Transaktion-Teilnehmer (in der Ausprägung Bestellung – Lieferant), Transaktion-Transaktionsposition (instanziert mit Bestellung und Bestell-Position) sowie Transaktionsposition-Beschreibung (in der Form Position – Produkt).

Als letztes Transaktionsmuster behandeln wir ein Entwurfsmuster, das sich mit der Dynamik von Transaktionen befaßt: Je nach Anwendung können Transaktionen zeitlich nachgelagerte Folgetransaktionen auslösen. Zu einer Bestellung gehören eine oder mehrere Lieferungen, zu einer Rechnung gibt es eine oder mehrere Überweisungen, auf eine Lieferung erfolgen verschiedene Inventarisierungen usw. Die hier passende Analyseschablone ist das Transaktion-Folgetransaktion-

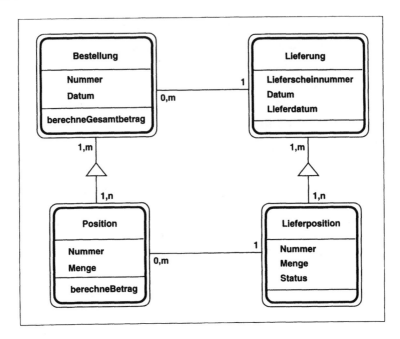

Abbildung 4.9: Eine Instanz des Transaktion-Folgetransaktion-Musters

Muster. Auch die gegebenenfalls zu einer Transaktion gehörenden Transaktionspositionen können mit entsprechenden Folgetransaktionspositionen in Beziehung stehen. Abbildung 4.9 skizziert die Kombination dieser beiden Entwurfsmuster für den Problembereich des Beispiels 1.

Darsteller-Rollen-Muster

Im einleitenden Abschnitt 2.1 haben wir begründet, weshalb ein Objekt – nachdem es durch den Aufruf einer Konstruktorfunktion erzeugt und initialisiert wurde – zwar seinen Zustand (Attributwerte und Objektverbindungen) ändern aber nicht seine Klasse wechseln kann. Bei manchen Problemstellungen erscheint dies als gravierende Einschränkung, z.B. wenn ein Halbfertigprodukt zum Fertigprodukt entwickelt ist, wenn ein Interessent zum Käufer wird oder wenn ein Ereignis als Alarmereignis eingestuft werden muß. Mit dem Darsteller-Rollen-Muster aus Abbildung 4.10 läßt sich diese Einschränkung na-

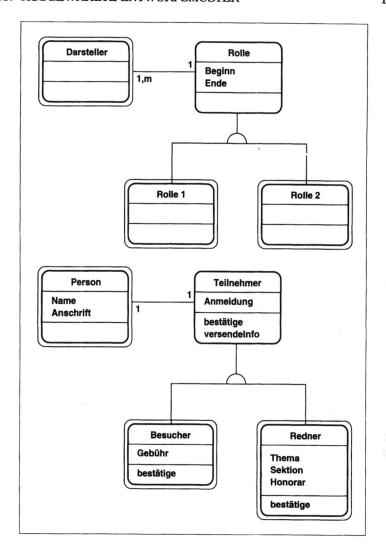

Abbildung 4.10: Darsteller-Rollen-Muster und Anwendungsbeispiel

hezu beliebig kompensieren. Bei der Erzeugung des Darstellerobjekts
wird gleichzeitig ein Rollenobjekt (der Klasse Rolle 1, Rolle 2, ...) konstruiert und mit dem Darsteller verbunden. Die für alle Rollen gleicher-
maßen interessierenden Attribute sind in der abstrakten Basisklasse
Rolle definiert; hier können beispielsweise Beginn und Ende der Zeit,
die der Darsteller eine bestimmte Rolle spielt, festgehalten werden.
Alle anderen Attribute sind, wie die Methoden, durch den jeweiligen

Problembereich bestimmt. Den Klassenwechsel kann man nun simulieren, indem man ein neues Rollenobjekt erzeugt und das bisherige löscht.

Im unteren Teil der Abbildung ist als Musteranwendung dargestellt, wie eine Person, die als Besucher eines Kongresses klassifiziert ist, durch Anmeldung eines Vortrags zum Redner wird oder nach Absage eines bereits angemeldeten Vortrags von der Redner- in die Besucherrolle wechselt.

Kapitel 5

Der Übergang ins Design

In diesem Abschnitt soll keine detaillierte Abhandlung über objektorientierte Designmethoden gegeben werden. Vielmehr wollen wir anhand der beiden ersten in den Kapiteln 2 und 3 betrachteten Beispiele zeigen, wie beim Einsatz objektorientierter Techniken ein nahtloser Übergang von der Analyse- in die Designphase (der ja unter Umständen – z.B. beim Vorgehen nach dem Baseballmodell – mehrfach erfolgen wird) möglich ist, indem das Analysemodell bzw. die in ihm spezifizierten Klassen verbessert und erweitert werden.

Generell handelt es sich bei der Systemanalyse darum, ein Modell des zu lösenden Problems zu erstellen und dazu die entsprechenden Objekte und Klassen im Problembereich zu identifizieren und sie mit ihrem Aufbau und ihrem Verhalten so zu spezifizieren, daß die Systemverantwortlichkeit korrekt und klar abgebildet wird. Im Design geht es darum, auf der Basis dieses Analysemodells und durch seine Erweiterung um Klassen und Objekte des Lösungsbereichs, ein Modell des zu implementierenden Programmsystems zu erhalten. (Vgl. hierzu die Abbildung 1.4, S. 8.)

Während in der Analysephase also der Problembereich und die Systemverantwortlichkeit untersucht werden, modelliert man in der Designphase eine spezifische Implementation im Lösungsbereich und seiner zugehörigen Hard- und Softwareumgebung. Dabei geht man von dem in Kapitel 3 definierten statischen Modell und seinen fünf Schichten aus und fügt dort, wo sie benötigt werden, neue, lösungs-

spezifische Attribute, Objektverbindungen, Methoden oder Klassen
ein.

Dadurch, daß man hier kontinuierlich dieselben Konzepte (Klassen
und ihre Objekte) verwendet, wird es technisch möglich, zwischen
Arbeiten im Problembereich und im Lösungsbereichs zu iterieren; die
Grenzen zwischen Analyse und Design verschwimmen.

Die folgenden Fragen stehen während des Systemdesigns im Vordergrund:

- Welche Attribute werden benötigt, um die vorhandenen Objektverbindungen implementieren zu können? Handelt es sich um
  bidirektionale Verbindungen, bei denen jedes beteiligte Objekt
  über die Existenz des anderen Objekts informiert sein muß oder
  ist eine unidirektionale Verbindung ausreichend?

- Welche Attribute werden benötigt, um die vorhandenen Gesamtheit-Teil-Strukturen implementieren zu können? Ist es erforderlich, daß die Teilobjekte die Existenz ihres Aggregationsobjekts
  kennen?

- Ist es unter Effizienzgesichtspunkten sinnvoll, ableitbare Attribute oder zusätzliche Objektverbindungen zu modellieren?

- Welche zusätzlichen Klassen sind zu definieren, um die Benutzerschnittstelle zu schaffen? Welche an der Systemgrenze liegenden Klassen sind zur Kommunikation mit externen Systemen
  nötig?

- Muß das System persistente Objekte erzeugen können? Falls
  ja, welche Klassen sind zum Speichern von Objekten oder zur
  Kommunikation mit einer Datenbank erforderlich?

- Können die Objekte nur synchron oder auch asynchron untereinander kommunizieren? Werden nebenläufige Prozesse benötigt?

- Ist es sinnvoll, das entstehende Programm in Module zu zerlegen?
  Falls ja, welche Übersetzungsabhängigkeiten bestehen zwischen
  den Modulen?

- Soll das System als zentrales oder als verteiltes System realisiert werden? Wie werden Nachrichten im verteilten Fall an die richtige Stelle weitergeleitet?

- Welche Fehler können bei der Systembenutzung auftreten? Mit welchen Objekten ist eine geeignete Ausnahmebehandlung durchführbar?

Bei der Beantwortung dieser Fragen werden typischerweise neue Klassen in das Modell eingebracht, beispielsweise Menüklassen, Datenbankklassen oder Task-Klassen. Hierbei ist es insbesondere sinnvoll, auf mögliche Wiederverwendung von Teilen früherer Designs zu achten und die Inhalte verfügbarer Klassenbibliotheken zu untersuchen.

Coad und Yourdon (1991a,b) zerlegen die wesentlichen Designtätigkeiten in vier Komponenten, in denen das bisherige Analysemodell überarbeitet und erweitert wird: die *Problembereichskomponente*, die *Kommunikationskomponente* (oder genauer: Mensch-Computer-Kommunikationskomponente), die *Datenmanagementkomponente* und die *Task-Managementkomponente*. Dieser Gliederung schließen wir uns im folgenden, bei der Behandlung der Beispiele, an.

5.1 Die Problembereichskomponente

Die Ergebnisse der Analysephase werden direkt in diese Komponente übernommen und dort überarbeitet und erweitert, um die Implementation der Klassen vorzubereiten. Die Erweiterungen betreffen zusätzliche Attribute und Objektverbindungen, möglicherweise neue abgeleitete Klassen oder weitere speziellere Methoden; auf der anderen Seite können Methoden aufgrund der Aufnahme abgeleiteter Attribute gestrichen werden, und bidirektional modellierte Verbindungen stellen sich unter Umständen als unidirektional realisierbar heraus.

In Abbildung 5.1 ist für Beispiel 1 dargestellt, wie sich eine solche Überarbeitung auswirken kann (vgl. hierzu Abbildung 3.41 auf S. 96). Die im Design hinzugekommenen Attribute, mit denen die beiden Objektverbindungen und die Aggregationsstruktur realisiert werden, ha-

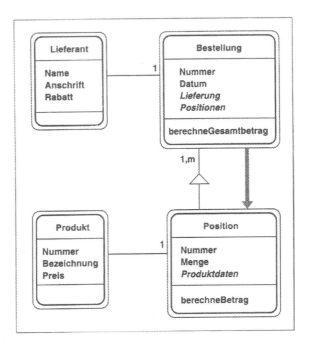

Abbildung 5.1: Die Problembereichskomponente für Beispiel 1

ben wir, zur besseren Unterscheidung von den aus dem Analysemodell übernommenen Attributen, kursiv eingetragen. Hier ist es ebensogut möglich, ein nachgestelltes (D) zu benutzen und beispielsweise Positionen (D) oder Produktdaten (D) in die Attributschicht aufzunehmen.

Man erkennt weiterhin, daß im Vergleich zum Analysemodell drei Kardinalitätsangaben gestrichen wurden, weil in diesem einfachen Informationssystem der Lieferant (aus Sicht der Beschaffungsabteilung) nicht wissen muß, welche Produkte bei ihm bestellt sind usw.

Die Abbildung 5.2 zeigt einen detaillierteren Ausschnitt der Problembereichskomponente des Beispiels 1, in dem man sieht, wie die Liste der Positionen einer Bestellung dadurch modelliert werden kann, daß eine Bibliotheksklasse GeordneteListe wiederverwendet wird. Hier ist vorausgesetzt, daß diese Listenklasse Elemente eines beliebigen Typs verwalten kann, der durch Ableitung festgelegt wird. Bei der konkreten Implementierung der PosListe in C++ oder Eiffel wird man eine „parametrisierte" Listenklasse verwenden, siehe Schader und Kuhlins

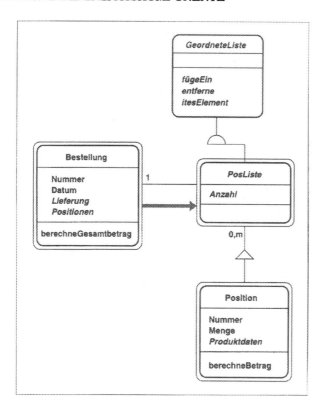

Abbildung 5.2: Die Verwendung einer Bibliotheksklasse

(1995) oder Meyer (1990). Wenn keine verschiedenen Schrifttypen zur Verfügung stehen, kennzeichnet man die Namen der neu aufgenommenen Klassen wieder mit einem (D), z.B. GeordneteListe (D) oder Pos-Liste (D). Auf ähnliche Weise kann man durch 1,m (D) die Kardinalitäten an Objektbeziehungen markieren, die aus Effizienzgründen in das Design aufgenommen werden. Für Beispiel 2 (vgl. die Abbildung 3.44 auf S. 107) ist es sinnvoll, je eine zusätzliche Objektverbindung zwischen Produktion und Vorratslager bzw. Produktlager aufzubauen, um die Methodenaufrufe zur Prüfung ausreichender Vorräte bzw. Lagerkapazitäten direkt und nicht in der Form gibMischer.gibVorratslager.vorratAusreichend aufrufen zu können. Ebenso ist es je nach der Größe der Lager zweckmäßig, zwei weitere Objektverbindungen zwischen Mischer und Vorrats- bzw. Produkttank herzustellen, um die Tankmethoden abgabe, aufnahme usw. direkt aufzurufen. Die Implementierung dieser Beziehungen ist hier unproblematisch, weil es sich bei den Lager-Tank-Strukturen um physisch existente Aggregationen handelt, die sich im Zeitablauf kaum verändern werden.

Zwei wichtige Punkte, die bei allen Arbeiten an der Problembereichs-komponente beachtet werden müssen, sind die *Kopplung* von Objek-ten durch Methodenaufrufe, die möglichst gering, aber so hoch wie nötig zu halten ist, um verständliche, eigenständige Klassen zu erhal-ten, und die wünschenswerte *Kohäsion* von Klassen und ihren einzel-nen Methoden. Diese auf Yourdon und Constantine (1979) zurück-gehenden Überlegungen werden in Coad und Yourdon (1991b) in den Rahmen der objektorientierten Entwicklung übertragen und auch in Berard (1993), Yourdon (1994) und Kuhlmann (1995) diskutiert.

Geht man über in das Design der drei anderen Systemkomponenten, so wird die beim Weiterentwickeln des Problembereichs noch weit-gehend mögliche Unabhängigkeit von Implementationssprache und Betriebssystem um so mehr verloren gehen, je genauer der Entwurf festgelegt wird.

5.2 Die Kommunikationskomponente

Beim Design dieser Komponente befaßt man sich damit, wie ein Be-nutzer das System bedient und wie umgekehrt das System dem Benut-zer Resultate und Informationen präsentiert. Zur Ermöglichung der Kommunikation werden neue, auf der Systemgrenze liegende, Klas-sen und Objekte entwickelt, deren Form stark von den verfügbaren Werkzeugen und Bibliotheken abhängen wird.

Die Entwurfstätigkeiten basieren hier auf den Szenarios des dyna-mischen Modells und auf der Problembereichskomponente, für deren Klassen die ein- oder auszugebenden Attribute und die zugehörigen Zugriffsfunktionen bereits während der Analysephase definiert wur-den. Im Design kommen nun Details hinzu, die das Layout grafischer Grundelemente, das Abfragen und Weiterleiten von Benutzereingaben, das Verwalten und Aktualisieren von Fenstern und ihren Inhalten, das Erstellen von Dokumenten usw. betreffen.

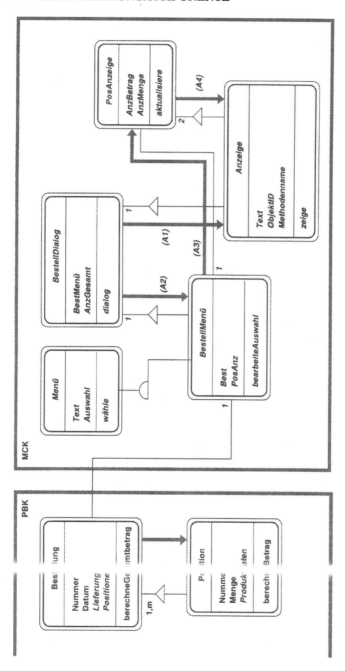

Abbildung 5.3: Teil der Problembereichskomponente (PBK) und Mensch-Computer-Kommunikationskomponente (MCK) für Beispiel 1

Wichtig ist dabei, daß die Klassen der Kommunikationskomponente in eigenständigen, von der Problembereichskomponente klar abge-
grenzten Subjekten beschrieben werden. Durch das Vermeiden einer
Vermischung von Kommunikationsmethoden und -attributen mit den
Elementen der Problembereichsklassen wird das System stabiler im
Hinblick auf Modifikationen, die aufgrund von geänderten Anforderungen an die Präsentation oder Verantwortlichkeit des System nötig
werden können.

In der Abbildung 5.3 ist für Beispiel 1 (stark vereinfacht) der Teil der
Kommunikationskomponente gezeigt, der das Betrachten von Bestellungen und ihrer einzelnen Positionen ermöglicht. Menü ist eine Bibliotheksklasse, die ein Textfeld anzeigt, aus dem der Benutzer mit der
Methode wähle einen Text auswählt, dessen Index im Attribut Auswahl
gespeichert wird. Wie das System auf diese Wahl reagiert, muß in ei-
ner abgeleiteten Klasse spezifiziert werden – im Beispiel wird dazu die
Methode bearbeiteAuswahl der Klasse BestellMenü benutzt, die auch die
Verbindung zu den Problembereichsklassen herstellt. Anzeige ist ebenfalls eine Bibliotheksklasse. Sie zeigt beim Aufruf der Methode zeige
einen erläuternden Text und den Funktionswert an, der sich beim
Aufruf der Methode Methodenname für das Objekt ObjektID ergibt. Ein
Objekt dieser Klasse ist im BestellDialog enthalten, der die Angabe des
Gesamtbetrags einer Bestellung an das Objekt delegiert; zwei weitere
Anzeigeobjekte werden in PosAnzeige zum Anzeigen der für eine Positi-
on bestellten Menge und des Betrags verwendet. Die in den Menü-
und Anzeigeklassen enthaltenen Attribute zur Größe und Position der
Fenster haben wir hier nicht mit aufgeführt.

Mit (A1)–(A4) ist ein Szenario angedeutet, das beschreibt, wie der Be-
nutzer-System-Dialog beim Lesen einer Bestellung abläuft. Zunächst
wird (A1) der Gesamtbetrag (in einer realistisch erweiterten Form zusammen mit Bestellnummer, -datum und Lieferantendaten) und ein
Auswahlmenü mit Positionsnummern und -bezeichnungen angezeigt.
Nach erfolgter Positionswahl (A2) werden (A3, A4) der zugehörige Betrag und die Bestellmenge dargestellt, und der Dialog ist beendet oder
wird wiederholt (A1). Die PosAnzeige erhält dabei als Argument der
Nachricht aktualisiere jeweils den Namen der ausgewählten Position.

Das hier abgebildete Muster: Auswahl eines Menüpunkts bzw. Objekts und darauf folgende Aktualisierung eines Anzeigefensters mit den Attributwerten dieses Objekts, ist typisch für den Nachrichtenversand in der Kommunikationskomponente. Zur Vereinfachung und Beschleunigung der Anzeigen im beschriebenen Szenario ist es möglich, in die Klasse Bestellung ein ableitbares Attribut Gesamtbetrag aufzunehmen, das seinen Wert beim Konstruktoraufruf erhält.

Als Einstieg in die Literatur zum Thema Mensch-Computer-Kommunikation sei auf Shneiderman (1992), Watson (1995), Collins (1995) und Weinand (1992) verwiesen. Hinweise auf Design-Prinzipien findet man auch in den „Style Guidelines" der Hersteller von grafischen Oberflächen und Entwicklungswerkzeugen, vgl. etwa Sun Microsystems (1990) und IBM (1991).

5.3 Die Datenmanagementkomponente

Beim Entwurf dieser Komponente werden die Datenaspekte des Systems betrachtet und die Voraussetzungen für das Abspeichern und Wiederauffinden von Objekten geschaffen. Neben den vorrangigen Überlegungen zur Integrität und Konsistenz des Objektbestandes können hier auch Anforderungen an die Zugriffsgeschwindigkeit das Design beeinflussen.

Sofern neue Klassen definiert werden, muß – wie bei der Entwicklung der Kommunikationskomponente – auf eine größtmögliche Isolierung von den Klassen des Problembereichs und der anderen Systemkomponenten geachtet werden, um spätere Umstellungen auf andere Lösungen sicher durchführen zu können.

Der derzeitige Stand der Software- und Toolunterstützung ermöglicht die Erzeugung persistenter Objekte mit drei sehr unterschiedlichen Techniken: Im einfachsten Fall kopiert man die zu speichernden Objekte bzw. ihre Attributwerte (einschließlich der Attribute zur Realisierung von Objektverbindungen und Aggregationsstrukturen) unter Einsatz der für die Implementierung vorgesehenen Sprache in Textdateien ab. Die zweite Möglichkeit besteht im Kopieren der Objekte in die Tabellen eines relationalen Datenbanksystems unter Nutzung seiner Transaktions- und Schutzmechanismen sowie der Fähigkeit zu Mehrbenutzerbetrieb und Rekonstruktion im Fehlerfall. Und schließlich kann eine objektorientierte Datenbank verwendet werden, die auf natürliche Weise – ohne Zerlegung der Objekte wie in den beiden ersten Fällen – Objektpersistenz bereitstellt.

Anhand von Beispiel 2 wollen wir zeigen, wie die Vorgangsobjekte der Klasse Produktion und ihre zugehörigen Rezepturen in einer Datei gespeichert werden können. In Abbildung 5.4 sind die Klassen der entsprechenden Datenmanagementkomponente dargestellt. Mit der hier verfolgten Strategie kann objektabhängig beim Erzeugen eines Objekts darüber entschieden werden, ob es speicherbar sein soll oder nicht. Man erzeugt dann entweder ein DMKRezeptur- oder ein Rezepturobjekt bzw. ein DMKProduktionsobjekt oder ein Produktionsobjekt. Die beiden Objekttypen unterscheiden sich nur durch das erweiterte Verhalten der DMK-Objekte und die in diesen enthaltene ObjektID.

Man erkennt, daß die DMK-Klassen mittels Mehrfachvererbung nicht nur Zustand und Verhalten der ursprünglichen Problembereichsklassen erben, sondern auch von einer abstrakten Basisklasse PersistObjekt abgeleitet sind.

Hiermit werden zwei Zielsetzungen verfolgt. Einerseits erhalten die Objekte der abgeleiteten Klassen auf diese Weise ihre eindeutige Identität, die sich auch beim Speichern und Wiedereinlesen nicht verändert. Und zum anderen werden sowohl DMKRezeptur- als auch DMKProduktionsobjekte über die Basisklasse im Cache des Objektservers zwischengespeichert, bevor sie in eine Datei geschrieben bzw. nachdem sie aus ihr gelesen werden.

Um ein Objekt zu speichern, sendet man die Nachricht registriereObjekt an den Objektserver und trägt es damit in dessen Cache ein. Erfolgt nun ein Aufruf der Methode schreibeDatei, so sendet der Server die Nachricht schreibeObjekt an alle registrierten Objekte; dieser Nachrichtenversand erfolgt polymorph über die abstrakte Basisklasse PersistObjekt. Die benachrichtigten Objekte speichern sich dann selbst, indem sie bei sich die Methoden schreibeAttribute und schreibeVerbindungen zum Speichern ihres Zustands aufrufen. Analog wird beim Wiederein-

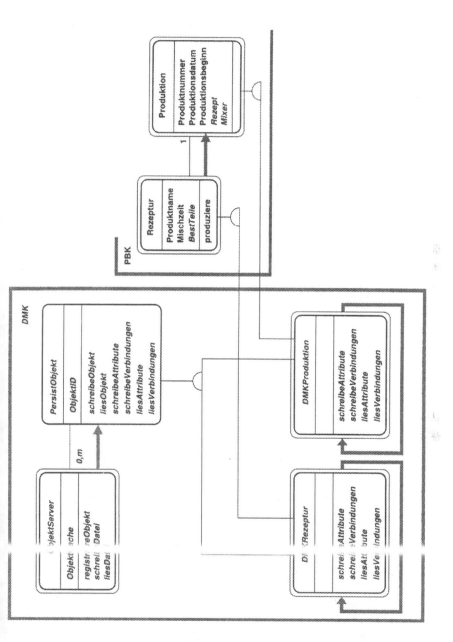

Abbildung 5.4: Datenmanagementkomponente (DMK) und ein Teil der Problembereichskomponente (PBK) für Beispiel 2

lesen verfahren. C++-Beispiele, die nach diesem Muster implementiert sind, findet man in Coad und Nicola (1993) und Soukup (1994).

Völlig anders geartet sind die Designaufgaben, wenn eine relationale Datenbank zum Einsatz kommen soll. In diesem Fall müssen die Klassen des Analysemodells in die Relationen eines Datenbankschemas abgebildet werden. Dabei sind unterschiedliche Arten des Tabellenentwurfs möglich, beispielsweise eine Entwicklung, die auf der Objektstruktur basiert und als Ausgangspunkt für jede Klasse eine Tabelle (mit den Spalten ObjektID, Attribut$_1$, ..., Attribut$_n$) anlegt. Eine Entwicklung ohne Berücksichtigung der Objektstrukturen kann etwa mit der Aufnahme einer eigenen Tabelle (ObjektID, Attribut) für jedes Attribut jeder Klasse beginnen oder umgekehrt auf einer einzigen Tabelle (Klassenname, ObjektID, Attributname, Attributwert) aufbauen. Eine Diskussion der verschiedenen Techniken zur Abbildung von Objektverbindungen und Aggregations- oder Vererbungsstrukturen und der jeweiligen Konsequenzen in bezug auf Speicherbedarf, Zugriffsaufwand usw. findet man in Burleson (1993) und Heuer (1992). Loomis (1995) liefert darüber hinaus auch C++-Codefragmente.

Bei objektorientierten Datenbanken handelt es sich um Datenmanagementsysteme, die klassische Datenbankfähigkeiten für objektorientierte Programmiersprachen zugängig machen. Persistente Objekte unterscheiden sich auch in ihrem Verhalten nicht mehr von gewöhnlichen (*transienten*) Objekten, die spätestens bei der Beendigung des Prozesses, der sie erzeugt hat, wieder gelöscht werden. Eine objektorientierte Datenbank stattet die von ihr unterstützten Programmiersprachen unter anderem mit Objektpersistenz, Transaktionsmanagement, Datenrekonstruktion, Sperrmechanismen und Anfragemöglichkeiten aus (siehe z.B. Cattell (1994a), Heuer (1992) oder Kemper und Moerkotte (1994)).

Die Entwicklung dieser Technologie ist noch nicht abgeschlossen, ein erster Standard „ODMG-93" der Object Database Management Group liegt jedoch vor (siehe Cattell (1994b)). ODMG-93 besteht aus einer „Object Definition Language" (ODL), in der die Schnittstellen der benötigten Objekte sprachunabhängig beschrieben werden und aus der „Object Manipulation Language" (OML), die festlegt, wie man Objekte erzeugt, modifiziert und löscht, Objektverbindungen erzeugt, verfolgt und löscht usw. Zum assoziativen (wertbasierten statt Objektverbindungen verfolgenden) Zugriff auf die Datenbankobjekte wurde zusätzlich eine SQL-ähnliche „Object Query Language" (OQL) definiert. Bisher sind zwei Sprachanbindungen für C++ und Smalltalk standardisiert worden. Die C++-ODL erweitert die C++-Syntax um das Schlüsselwort inverse, mit dem bidirektionale Objektverbindungen beschrieben werden; C++-OML ist durch Bereitstellung einer Bibliothek mit Klassen Database, Persistent_Object, Ref, Transaction u.a. vollständig in die Syntax und Semantik von C++ eingebunden.

Steht bei der Systementwicklung eine zu diesem Standard konforme Datenbank zur Verfügung, so reduzieren sich die Designtätigkeiten für die Datenmanagementkomponente auf die Festlegung derjenigen Klassen, für die Objektpersistenz benötigt wird.

5.4 Die Task-Managementkomponente

Wenn in einem System das Verhalten verschiedener Objekte nebenläufig oder die Objektkommunikation asynchron modelliert werden soll, wird zur Koordination der Problembereichsobjekte und ihrer Methoden eine Task-Managementkomponente entworfen. In dieser Komponente definiert man Klassen, die das Starten und Terminieren der unterschiedlichen *Tasks* (oder auch: Prozesse, Threads), die von diesen auszuführenden Aktivitäten und Aktionen, sowie Interprozeßkommunikation und Taskprioritäten festlegen. Um die gleichzeitige oder scheinbar gleichzeitige Bearbeitung mehrerer Tasks realisieren zu können, muß ein Multi-Tasking-Betriebssystem (und je nach Anwendung eine Mehrprozessormaschine) zur Verfügung stehen.

In der Regel wird man hier auf eine spezielle Task-Klassenbibliothek zurückgreifen, die beispielsweise Klassen Task (oder Process, Thread), Mutex, Scheduler usw. enthält: Task ist meist eine abstrakte Klasse, von der die speziell benötigten Task-Klassen – z.B. zeitabhängige oder ereignisabhängige Tasks – abzuleiten sind. Üblicherweise können Tasks die Zustände „Created", „Running", „Suspended" und „Termi-

nated" annehmen. Mutex-Objekte verwendet man, um Synchronisa-
tionsprobleme, die beim gleichzeitigen Zugriff verschiedener Tasks auf
dieselben Objekte eines Programms auftreten könnten, (mittels „Mu-
tual exclusion") zu vermeiden. Der Scheduler ist für die Koordination
der Zustandsänderungen und für die Aktivierung der Tasks sowie die
Verwaltung ihrer Prioritäten verantwortlich.

In Abbildung 5.5 ist für Beispiel 2 dargestellt, wie das Verändern der
Mischerdrehzahl zu Beginn und am Ende eines Produktionsvorgangs
mit einer Timer-Task gesteuert werden kann. Zur besseren Veranschaulichung des Nachrichtenversands sind auch die Aufrufe impliziter Methoden abgebildet. Wir unterstellen hier, daß die vorhandene
Task-Bibliothek eine Basisklasse Task enthält, mit deren Methode start
asynchrone Aktivitäten für Objekte der abgeleiteten Klassen initiiert
werden können. Die Timer-Klasse muß, um die in Abschnitt 3.2.1
beschriebene Funktionalität bereitzustellen, so definiert werden, daß
ihr Konstruktor die Attribute Ticks, Ereignisname und EmpfängerID initialisiert und daß nach Ablauf der eingestellten Zeit die Methode
erzeugeEreignis aufgerufen wird.

Wenn nun der Mischer die Nachricht mische empfängt (A1), konstruiert
er ein Timer-Objekt (A2) und startet dessen Task-Aktivität mittels start.
Im Anschluß sendet der Mischer die Nachrichten zum Setzen von Produktionsdatum und -beginn an das Produktionsobjekt (A3) und setzt
die Drehzahl seiner Rühreinrichtungen hoch (A4). Unabhängig von
(A3) und (A4) überwacht der Timer seine Restlaufzeit und ruft nach deren Ablauf erzeugeEreignis auf (B1), bevor er sich selbst zerstört. Durch
(B1) wird dem Mischer die Nachricht übermittelt, seine Drehzahl wieder auf Null zu setzen (B2). Auf ähnliche Weise kann man auch die
Dynamik der Aufnahme- und Abgabevorgänge der Tanks steuern.

Bei diesem Beispiel liegt eine vollständige Trennung von Problembereich und Task-Management vor; die möglicherweise zu einem späteren Zeitpunkt notwendige Umstellung auf eine andere Klassenbibliothek wird so durch das Design unterstützt.

C/C++-Interessierte finden Informationen zur Taskentwicklung mittels Verwendung von Prozessen beispielsweise in Gorlen et al. (1990)
oder Stevens (1992) und zur Verwendung von Threads in Ford (1995)

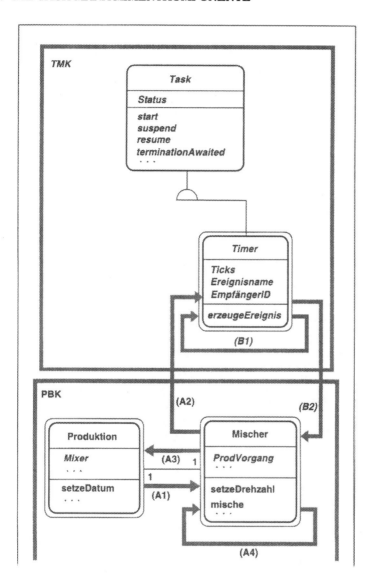

Abbildung 5.5: Task-Managementkomponente (TMK) und ein Teil der Problembereichskomponente (PBK) für Beispiel 2

oder Schader (1996). (Dieses Skript ist zusammen mit Beispielen auf dem Server der Universität Mannheim, ftp.uni-mannheim.de, im Unterverzeichnis /pub/languages/c++ zugänglich.)

Bemerkung

In Coad et al. (1995) und Yourdon et al. (1995) wird im Design neben den vier genannten Komponenten noch eine *System-Kommunikationskomponente* entwickelt, in die Klassen zur Kommunikation mit externen Systemen (z.B. Sensoren, Scannern, Robotern) oder Objekt-Stellvertreter („Proxy"-Objekte) zum Nachrichtenversand an netzwerkweit verteilte Objekte aufgenommen werden. Derartige Klassen, die auf der Schnittstelle des Systems zur Realwelt oder zu anderen Software-Systemen liegen, wurden von uns innerhalb der Problembereichskomponente modelliert.

Kapitel 6

Computerunterstützung

Die praktische Einsetzbarkeit und somit auch die Akzeptanz einer Methode zur Systemanalyse wird in hohem Maß durch die Verfügbarkeit computergestützter Entwicklungswerkzeuge bestimmt. Das trifft besonders vor dem Hintergrund immer komplexer werdender Softwareentwicklungsprojekte zu, bei denen in der Systemanalyse eine Vielzahl verschiedener Dokumente zu erstellen ist. Diese Ergebnisse können ohne Computerunterstützung nicht sinnvoll gepflegt, aufeinander abgestimmt und auf dem jeweils neuesten Entwicklungsstand gehalten werden. Die Reichweite der Hilfestellung durch CASE-Tools kann sich dabei von der Erstellung der einzelnen Analysedokumente über eine zusätzliche Verwaltung semantischer Informationen – beispielsweise der Klassenspezifikationen – in einem *Repository*, der automatischen Durchführung von Konsistenzprüfungen mit anschließender Codeerzeugung bis hin zur Analyse existierenden Codes (dem „Reverse-Engineering") erstrecken. Yourdon (1993) gibt einen interessanten Überblick über Möglichkeiten und Bedeutung der Computerunterstützung.

Ein CASE-Repository hat die Haltung und Verwaltung sämtlicher während eines Projekts in verschiedenen Versionen anfallenden Informationen, Daten, Diagramme, Spezifikationen und Codefragmente zur Aufgabe. Es stellt Datenbank- und Schnittstellenfunktionalität für alle darauf zugreifenden Modellschichten und -komponenten zur Verfügung; dem Repository kommt daher eine zentrale Bedeutung zu.

Innerhalb einer CASE-Umgebung, die alle Phasen der Softwareentwicklung unterstützt, kommen noch die Verwaltung administrativer Daten (z.B. Soll/Ist-Vergleich von Terminen, Kosten und Projektstatus) sowie die Bereitstellung einer Versions- und Konfigurationskontrolle hinzu. Vgl. hierzu beispielsweise Habermann und Leymann (1993).

Werkzeuge, die in Analyse und Design, also den frühen Phasen der Entwicklung eingesetzt werden, bezeichnet man als „Upper"-CASE-Tools. Demgegenüber sind „Lower"-CASE-Tools Entwicklungswerkzeuge, die nach der Designphase zum Einsatz kommen; ein typisches Beispiel ist ein „GUI-Builder" zur Realisierung grafischer Benutzeroberflächen. Wenn wir im folgenden den Begriff CASE-Tool verwenden, sind grundsätzlich Werkzeuge gemeint, die in der Systemanalyse und beim Design verwendet werden. Als Basisfunktionalität stellt ein solches Upper-CASE-Tool in der Regel einen grafischen Editor zur Verfügung, der den Systementwicklern die Erstellung der jeweiligen Dokumente erleichtert. Üblicherweise wird dies durch die Bereitstellung der in der verwendeten Methode vorgesehenen Modellierungskonstrukte (z.B. der Klassensymbole, der Strukturbeziehungen, der Nachrichtenverbindungen usw.) in Form von grafischen Grundelementen realisiert.

Ein Werkzeug, das den Analyseprozeß lediglich auf der Ebene der Diagramm-Erstellung unterstützt, kann jedoch kaum eine zufriedenstellende Hilfestellung bieten. Denn in Analyse- und Designtools müssen auch semantische Informationen so verwaltet werden, daß redundante Informationseingaben entfallen und umfassende Konsistenzprüfungen automatisiert durchführbar sind.

Eher technisch orientierte Anforderungen an ein CASE-Tool beschäftigen sich beispielsweise mit Möglichkeiten zur Verteilung der Entwicklungsumgebung auf verschiedene Rechner oder mit der Lösung von Koordinationsproblemen während der Unterstützung von Gruppenarbeit, bei der verschiedene Entwickler gleichzeitig auf dieselben Informationen zugreifen müssen. Auf derartige Fragestellungen gehen wir hier nicht weiter ein und verweisen auf Bieberstein (1993) oder Flecher und Hunt (1993).

6.1 Das MAOOAM*Tool

Um den in diesem Buch dargestellten Ansatz zur objektorientierten Systemanalyse auch in konkreten Projekten einsetzbar zu machen, wird am Lehrstuhl für Wirtschaftsinformatik III der Universität Mannheim unter dem Projektnamen MAOOAM (MAnnheimer ObjektOrientierte AnalyseMethode) eine Implementierung als CASE-Tool (MAOOAM*Tool) zur Unterstützung der Phasen Analyse und Design sowie zur Generierung von C++-Quellcode vorgenommen. Die Entwicklung des Analysetools ist weitgehend abgeschlossen.

Der Aufteilung des gesamten Analysemodells in drei sich ergänzende Bestandteile folgend, wurden Editoren für jedes Teilmodell entwickelt, mit deren Hilfe die unterschiedlichen Sichten modellierbar sind. Besonderes Augenmerk wurde dabei der Möglichkeit gewidmet, nicht nur die grafische Darstellung zu unterstützen, sondern den Benutzern auch Hilfen bei der Eingabe semantischer Informationen zu geben. Beispielsweise läßt das Modul zur Erstellung des statischen Modells (MAOOAM*Stat) ein direktes Editieren der toolerzeugten Klassenbeschreibungen zu, um die in Abschnitt 3.1.8 angesprochenen Erläuterungen in die Analysedokumente einbringen zu können. Die Funktionalität der Editoren für das dynamische Modell (MAOOAM*Dyn) bzw. das funktionale Modell (MAOOAM*Funk) ist ähnlich. Alle drei Editoren und ein Modul zur Konsistenzprüfung und Sichten-Integration (MAOOAM*Int) werden unter einer gemeinsamen grafischen Benutzeroberfläche, die mittels XVT-Design++ (XVT Software (1993)) realisiert ist, verwaltet. In dem Modul zur Überprüfung der Konsistenz der drei Sichten auf das System sind unter anderem die in den Abschnitten 3.1 bis 3.3 formulierten Konsistenzregeln implementiert, so daß neben der Korrektheit der einzelnen Teilmodelle auch diejenige des Gesamtmodells sichergestellt werden kann. Eine ausführliche Begründung aller Konsistenzregeln sowie die Beschreibung dieses Moduls findet man in Rundshagen (1995). Das Repository wurde mit Hilfe der objektorientierten Datenbank ObjectStore (Object Design (1993)) entwickelt. MAOOAM*Tool wird sowohl unter Solaris 2.x als auch unter Windows-NT implementiert. Abbildung 6.1 zeigt seinen schematischen Aufbau.

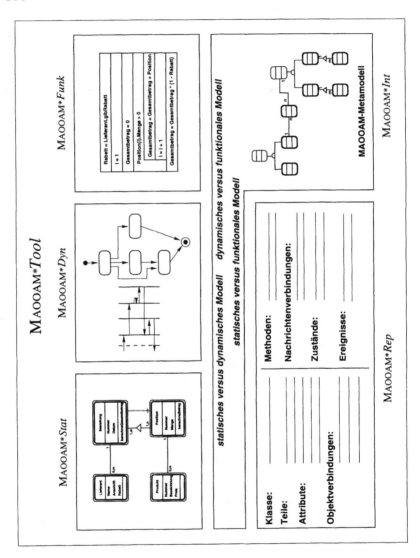

Abbildung 6.1: Die Struktur von MAOOAM

6.2 MAOOAM*Stat

Im folgenden wird – auch stellvertretend für die beiden anderen Editoren des Analysetools – die Arbeitsweise des Editors für das statische Modell und seiner Oberfläche, die in Abbildung 6.2 dargestellt ist, beschrieben. Die Kommunikation der Benutzer mit der Oberfläche des

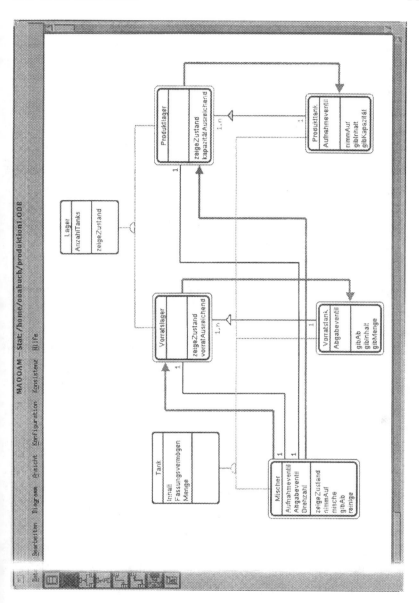

Abbildung 6.2: Die Benutzerschnittstelle des statischen Editors

CASE-Tools wird, bis auf die Eingabe von Namen oder verbalen Beschreibungen, durch Mauseingaben gesteuert. Das statische Systemmodell wird so fast vollständig durch Auswählen der auszuführenden

Aktion in der am linken Rand des Eingabefensters positionierten iko-
nenbasierten Menüleiste und anschließende Ausführung des gewählten Arbeitsschritts erstellt.

Für jedes im Analysediagramm enthaltene Modellierungskonstrukt
stehen darüber hinaus Eingabefenster zur Verfügung, die von den Benutzern auszufüllende Masken bereitstellen. In den Abbildungen 6.3
bis 6.6 sind die in MAOOAM*Stat implementierten Schablonen zur Eingabe von Namen oder Spezifikationen wiedergegeben. Die Gesamtheit
der Informationen, die in den verschiedenen Fenstern dargestellt ist,
bildet die von uns in Abschnitt 3.1.8 diskutierte detaillierte Klassenspezifikation. Ein Report, der aus den im Repository gespeicherten
Analyseergebnissen erstellt wird, beschreibt somit jede Klasse unter
Verwendung der dort vorgeschlagenen Schablone.

Bereits bei der Erstellung eines statischen Analysemodells werden verschiedene Arten syntaktischer Fehler durch den grafischen Editor ab-
gefangen. Unkorrekte Eingaben, die im Zusammenhang mit Vererbungsstrukturen, Aggregationen, Objektbeziehungen oder Nachrichtenverbindungen entstehen, werden vom Editor nicht angenommen.
Beispielsweise kann eine Vererbungsstruktur nur zwischen zwei Klassen angelegt werden und nicht außerhalb eines Klassensymbols oder
an der äußeren, für die Objekte stehenden Klassenumrahmung enden.

Dagegen gibt das System einen Hinweis auf fehlerhafte Modellierung
aus, wenn ein bereits vergebener Klassenname ein weiteres Mal für
dasselbe Modell eingegeben wird. Ebenso verhält sich der Editor
der statischen Sicht bei dem Versuch, innerhalb derselben Klasse
einen bereits eingetragenen Attribut- oder Methodennamen nochmals
zu verwenden. Die Abbildung 6.7 zeigt die entsprechenden MAOO-
AM*Stat-Fehlermeldungen bei der Mehrfachvergabe von Namen. Eine
vollständig automatisierte Fehlerunterbindung ist in diesem Fall nicht
möglich, da Namen und beschreibende Texte wahlfrei eingegeben werden.

Interessierte Leserinnen und Leser können gegen eine Schutzgebühr
eine Testversion des CASE-Tools erhalten. Diese Version wird mit
dem hier beschriebenen Funktionsumfang ausgeliefert, besitzt jedoch

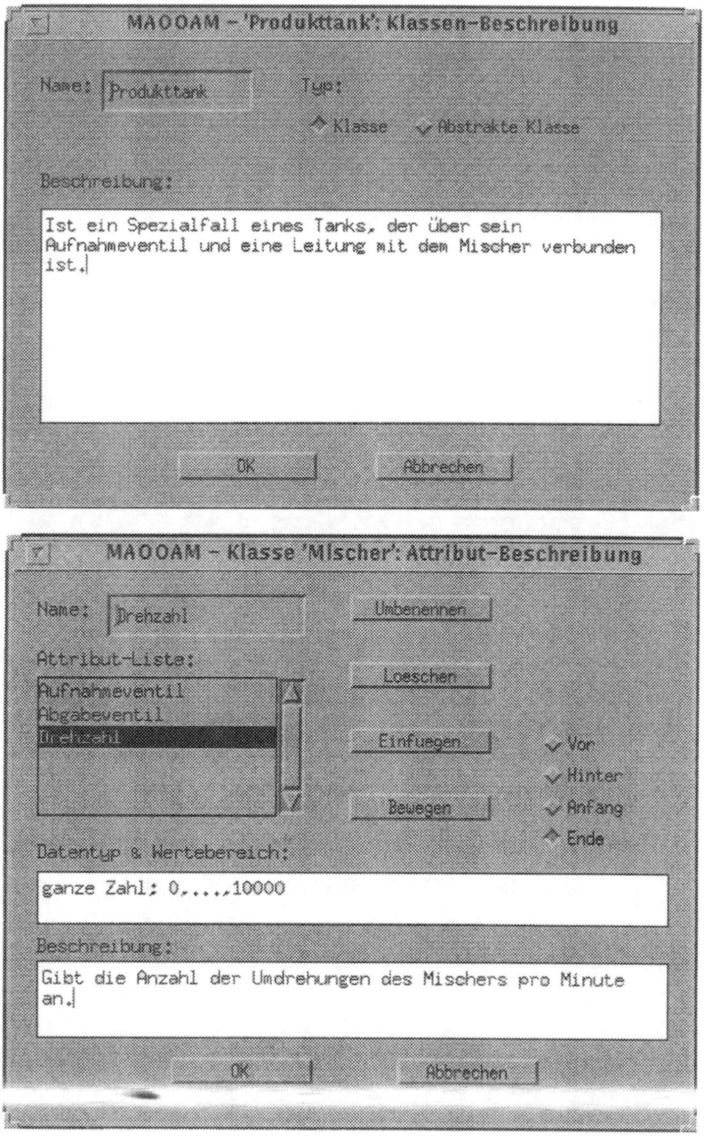

Abbildung 6.3: Dialogfenster zur Beschreibung von Klassen und Attributen

nicht das in ObjectStore realisierte Repository, sondern eine ODMG-Schnittstelle. Somit kann jede Datenbank, die den ODMG-93-Standard unterstützt, zur Repository-Verwaltung eingesetzt werden, und

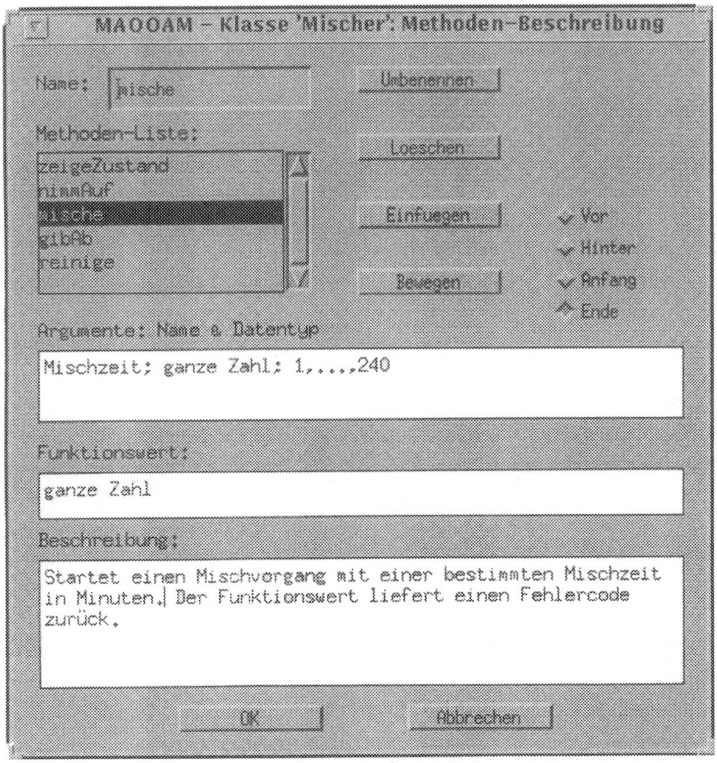

Abbildung 6.4: Ein Dialogfenster zur Beschreibung von Methoden

es sind zum Betrieb keine ObjectStore-Laufzeitlizenzen erforderlich. Die genauen Systemanforderungen und Bedingungen können über E-mail an ooabuch@wifo.uni-mannheim.de erfragt werden.

6.3 Konsistenzprüfungen durch MAOOAM*Tool

Um einen Eindruck von der Unterstützung der Systemanalytiker durch das Modul zur Integration der Teilsichten und zur Konsistenzprüfung (MAOOAM*Int) zu geben, stellen wir an dieser Stelle kurz die Behandlung eines zu kontrollierenden Analysemodells dar.

Hat ein Benutzer einen ersten Entwurf des Analysemodells abgespeichert, so können – je nach Fortschritt der Arbeiten und Vollständigkeit

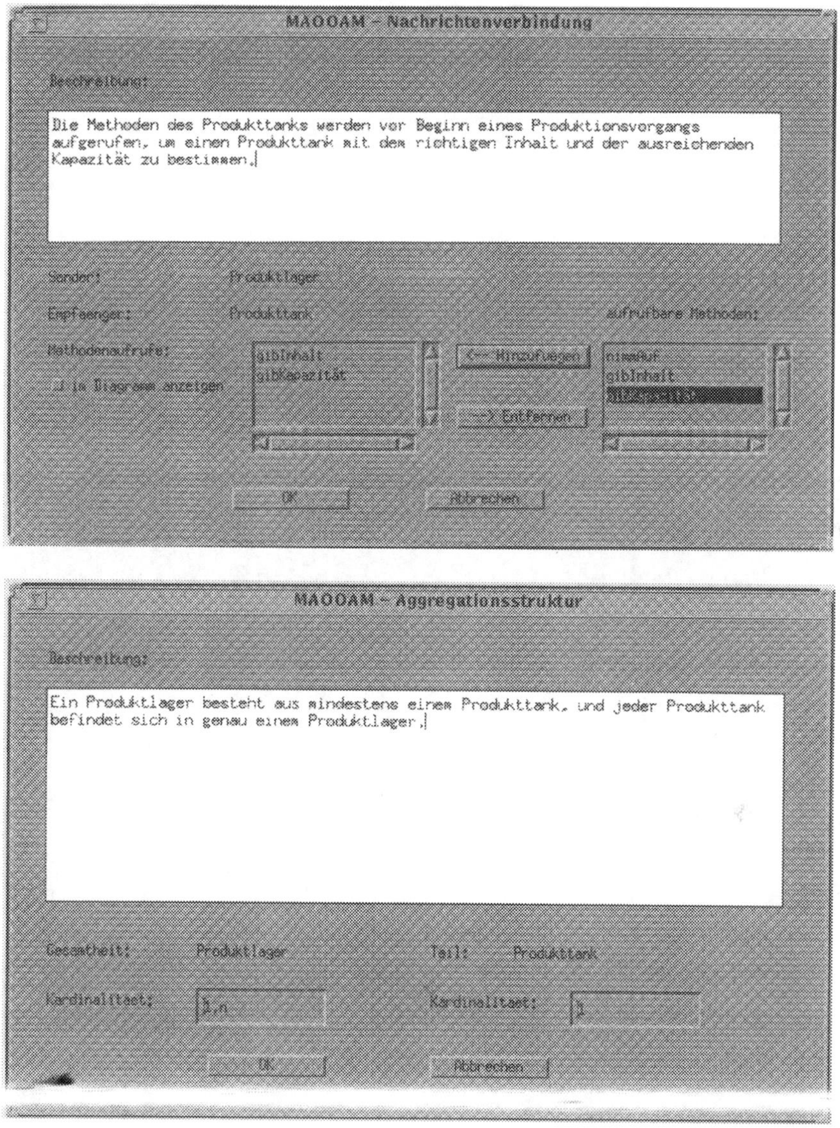

Abbildung 6.5: Dialogfenster zur Beschreibung von Nachrichtenverbindungen und Aggregationen

der Dokumente – die Teilmodelle entweder einzeln oder als Gesamtmodell durch die Prüfkomponente MAOOAM*Int* auf korrekte Integration der einzelnen Sichten sowie auf innere Konsistenz geprüft werden.

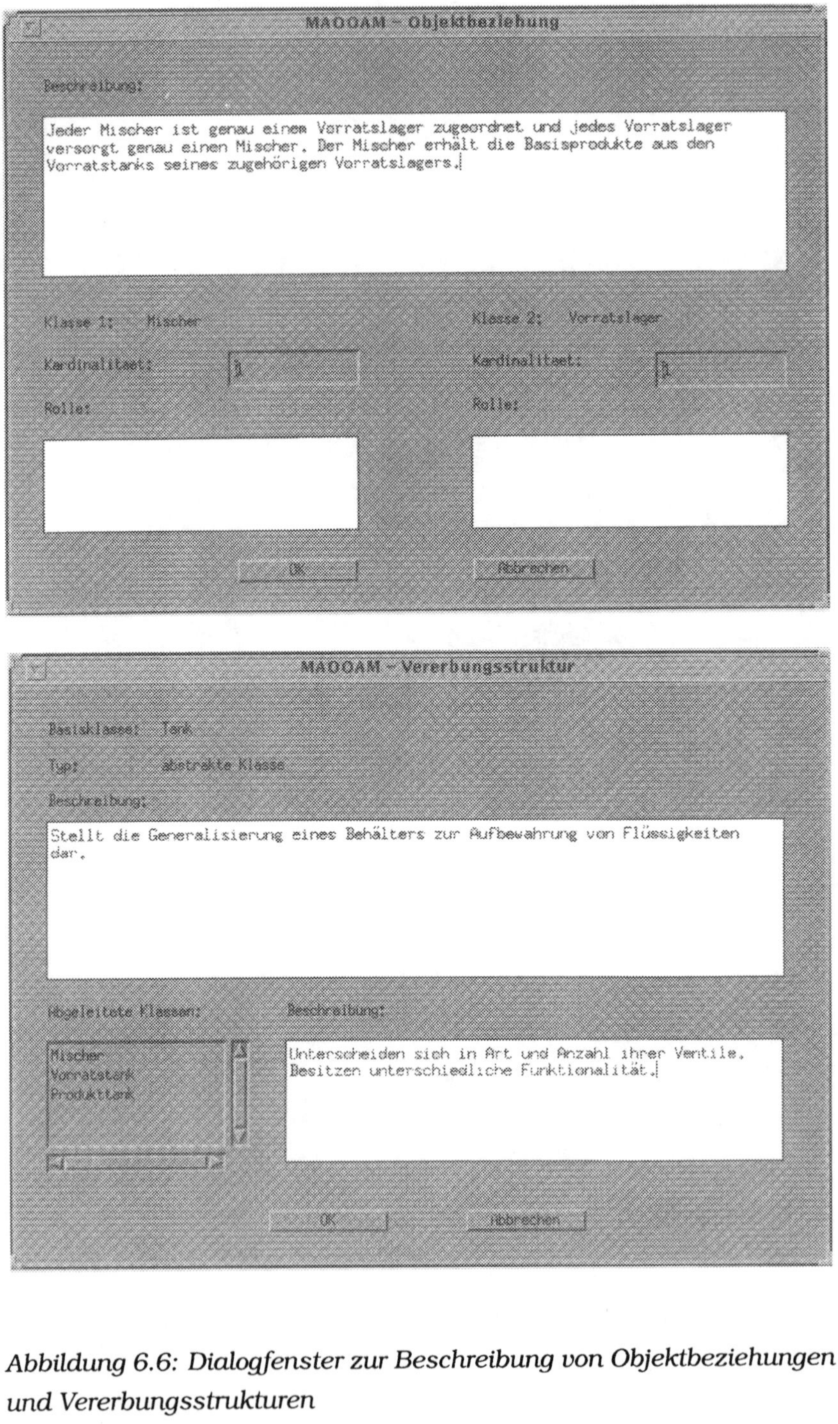

MADOAM – Objektbeziehung

Beschreibung:

Jeder Mischer ist genau einem Vorratslager zugeordnet und jedes Vorratslager versorgt genau einen Mischer. Der Mischer erhält die Basisprodukte aus den Vorratstanks seines zugehörigen Vorratslagers.

Klasse 1:   Mischer   Klasse 2:   Vorratslager

Kardinalitaet: 1   Kardinalitaet: 1

Rolle: Rolle:

OK   Abbrechen

MADOAM – Vererbungsstruktur

Basisklasse: Tank

Typ: abstrakte Klasse

Beschreibung:

Stellt die Generalisierung eines Behälters zur Aufbewahrung von Flüssigkeiten dar.

Abgeleitete Klassen: Beschreibung:

Mischer   Unterscheiden sich in Art und Anzahl ihrer Ventile.
Vorratstank   Besitzen unterschiedliche Funktionalität.
Produkttank

OK   Abbrechen

Abbildung 6.6: Dialogfenster zur Beschreibung von Objektbeziehungen und Vererbungsstrukturen

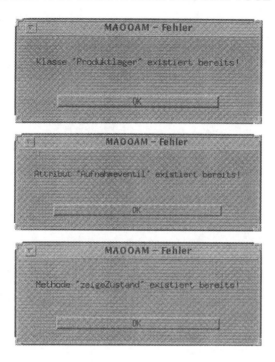

Abbildung 6.7: Fehlermeldungen des grafischen Editors bei syntakti-schen Fehlern

Abbildung 6.8 zeigt ausschnittsweise den vorläufigen und noch nicht vollständigen Vorschlag für das statische Modell des Beispiels aus dem Bestellwesen, das wir in Kapitel 2 eingeführt haben. Bei der Betrachtung dieser ersten Version des Modells fallen MAOOAM*Int mehrere Kritikpunkte auf, die auf mögliche, bei der Analyse aufgetretene Fehler hinweisen:

So enthält die Klasse Bestellung zwar eine explizit modellierte Methode berechneGesamtbetrag, ist jedoch nicht Empfänger einer Nachrichtenverbindung. In diesem Fall kann die Methode nicht von Objekten anderer Klassen aufgerufen werden. Diese Konstruktion ist nur dann sinnvoll, wenn berechneGesamtbetrag von externen Systemen oder den Systembenutzern aufgerufen wird. (Letzteres ist bei diesem Beispiel der Fall.) MAOOAM erzeugt in derartigen Situationen eine Warnung, die zur nochmaligen Modellüberprüfung anregen soll – vgl. Abbildung 6.9.

Alle Klassen verfügen jeweils über höchstens eine explizit in das Mo-

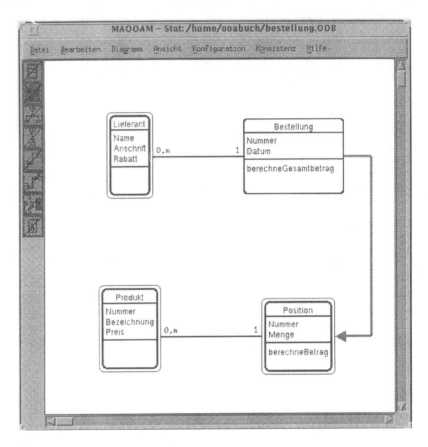

Abbildung 6.8: Vorläufiges statisches Systemmodell für Beispiel 1

dell aufgenommene Methode. Das heißt, hier ist noch einmal zu überlegen, ob diese Klassen tatsächlich einen Beitrag zu den vom System
zu erfüllenden Aufgaben leisten. Eine Warnung des Prüfmoduls weist
auf diesen Sachverhalt hin. (Im Beispiel helfen Lieferant undProdukt bei
der Erfassung und Speicherung relevanter Informationen.)

Weiterhin fällt auf, daß Objekte der Klasse Position für Objekte der Klasse Bestellung nicht erreichbar sind, obwohl hier eine Nachrichtenverbindung eingezeichnet ist. Es muß untersucht werden, ob es sich bei
dem Methodenaufruf um eine der von uns in Abschnitt 3.1.1 erwähnten Ausnahmen (beispielsweise die Erzeugung eines neuen Objekts)
handelt. Im vorliegenden Fall ist jedoch die Aufnahme einer Aggrega-

tionsstruktur unterlassen worden (vgl. hierzu das vollständige Modell in Abbildung 3.41).

Schließlich wird mittels einer Warnung auf die abstrakte Klasse Bestellung aufmerksam gemacht. Abstrakte Klassen sind in der Regel nur sinnvoll, wenn von ihnen (direkt oder indirekt) weitere Klassen abgeleitet werden, die nicht abstrakt sind. Möglicherweise sind derartige abgeleitete Klassen zum Überprüfungszeitpunkt noch nicht modelliert, oder die Einführung einer abstrakten Klasse ist an dieser Stelle unangebracht. In der Problemspezifikation für Beispiel 1 in Abschnitt 2.3 werden Bestellungen explizit erwähnt und erläutert, so daß der Bestellungstyp geändert werden muß. Ausnahmen von obiger Regel treten nur im Zusammenhang mit der Entwicklung von Klassenbibliotheken auf. Durch abstrakte Klassen in der untersten Ebene einer Vererbungshierarchie können dann Entwickler, die die Bibliothek einsetzen, dazu gezwungen werden, Bibliotheksklassen nur durch Ableitung wiederzuverwenden.

Die bei einem Prüflauf entdeckten potentiellen Modellierungsfehler werden in einem Informationsfenster ausgegeben. Das Ergebnis der Konsistenzprüfung für das statische Analysemodell aus Abbildung 6.8 zeigt die Abbildung 6.9. Zusätzlich zu den Texthinweisen durch Warnungen oder Fehlermeldungen werden auf Benutzeranforderung die von einer Konsistenzverletzung betroffenen Klassen und Objekte in der Oberfläche des grafischen Editors farblich abgesetzt. Und erst wenn man die auf diese Weise gekennzeichneten Symbole mit dem Mauszeiger anklickt, wird die Markierung wieder aufgehoben. Bei komplexeren statischen Modellen, die größer als der sichtbare Bildschirmausschnitt sind, positioniert das Tool die mit der aktiven Warnung oder Fehlermeldung zusammenhängenden Klassen in der Mitte des Fensters. Somit besteht die Möglichkeit, die angezeigte Inkonsistenz zu analysieren und zu beheben, ohne erst in dem gesamten Modell suchen zu müssen.

Durch einen Regeleditor können die in MAOOAM*Int eingebauten Regeln zur Laufzeit modifiziert und an spezielle Benutzerwünsche angepaßt werden. Zum Beispiel ist es möglich, eine Warnung auszugeben, wenn die Anzahl der Methoden einer Klasse größer als acht ist, wenn

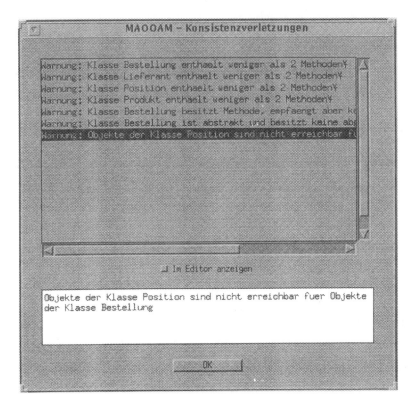

Abbildung 6.9: *Informationsfenster mit Resultaten der Konsistenz-prüfung*

eine Vererbungshierarchie mehr als sechs Ebenen umfaßt, usw. Lorenz und Kidd (1994) diskutieren derartige Faustregeln („Metriken") zur Bewertung eines Objektmodells.

6.4 Weiterentwicklungen

Beim jetzigen Projektstand werden vor allem Erweiterungen bezüglich der Berechnung von Metriken, zur Generierung von C++-Code und der Wiederverwendung von Klassen aus Klassenbibliotheken entwickelt. Zukünftige Projektschritte werden sich mit der Integration von Entwurfsmustern sowie mit der Unterstützung der Problemspezifikation beschäftigen. Die Abbildung 6.10 zeigt die zum heutigen Zeitpunkt be-

MAOOAM*Tool	
Modul	Beschreibung
MAOOAM*Stat	Editor zur Eingabe des statischen Modells
MAOOAM*Dyn	Editor zur Eingabe des dynamischen Modells
MAOOAM*Funk	Editor zur Eingabe des funktionalen Modells
MAOOAM*Rep	Repository zur zentralen Verwaltung aller Entwicklungsinformationen
MAOOAM*Int	Komponente zur Prüfung von Analysemodellen auf syntaktische und semantische Korrektheit
MAOOAM*Met	Komponente zur Berechnung quantitativer Qualitätsmaße
MAOOAM*C++	Komponente zur Erzeugung von C++-Sourcecode bzw. zur Wiederverwendung von Klassen

Abbildung 6.10: Module in MAOOAM

reits realisierten bzw. in der Entwicklung stehenden Module in MAOO-AM, wobei mit MAOOAM*Met und MAOOAM*C++ zwei Module skizziert sind, die ebenso wie die in Abbildung 6.1 aufgeführten Analysemodule auf die im Repository zentral verwalteten Modelldaten zugreifen.

Kapitel 7

Fallstudie

In diesem Abschnitt wollen wir den in Kapitel 3 geschilderten Methodenverbund anhand eines kleinen aber sehr ausführlich modellierten Beispiels nochmals verdeutlichen.

Die zugrundeliegende Problemspezifikation haben wir teilweise aus den Aufgabenstellungen des „Wetterstation-Beispiels" in Booch (1994) und des „Sensor-Beispiels" in Coad und Yourdon (1991a,b) zusammengesetzt. Der folgende Sachverhalt ist durch ein Analysemodell abzubilden:

In einer Wetterstation werden die Windrichtung und -geschwindigkeit, Luftdruck und Luftfeuchtigkeit sowie die Temperatur gemessen. Die Meßgeräte können mit den I/O-Ports eines Rechners verbunden und softwaregesteuert abgelesen werden.

Das zu erstellende System soll alle Meßwerte periodisch ablesen und anzeigen und die Meteorologen bei der Datenauswertung unterstützen. Neben der Anzeige der reinen Meßwerte muß für alle Angaben mit Ausnahme der Windrichtung ein 24-Stunden-Minimum und ein 24-Stunden-Maximum, zusammen mit den zugehörigen Zeitpunkten, gespeichert werden. Für die Temperatur und Windgeschwindigkeit sind darüber hinaus jeweils alle in den letzten 24 Stunden gemessenen Daten zu erfassen. Das System soll in der Lage sein, aus diesen Zeitreihen eine Temperatur- bzw. Windvorhersage zu berechnen.

Die Windrichtungs-, Windgeschwindigkeits- und Temperatursensoren sind im Abstand von einer Minute automatisch abzulesen, der Luftdruck und die Luftfeuchtigkeit alle fünf Minuten. Weiterhin soll es den Benutzern jederzeit

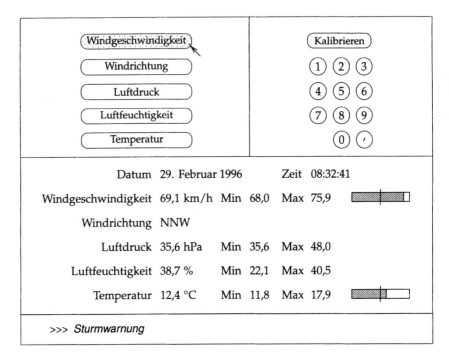

Abbildung 7.1: Die Benutzeroberfläche des geplanten Systems

möglich sein, bestimmte Werte aktuell abzulesen und gegebenenfalls die entsprechenden Prognosen berechnen zu lassen. Der Luftdrucksensor kann auf Benutzeranforderung kalibriert werden, indem man ihm den exakten Wert übermittelt.

Sofern sich bei der Windgeschwindigkeit ein Prognosewert von mehr als 70 km/h ergibt und gleichzeitig der aktuelle Luftdruck um mehr als 5 hPa unter seinen Maximalwert gefallen ist, ist ein Alarm (Sturmwarnung) auszulösen. Das gleiche trifft für eine negative Temperaturprognose bei einem Luftfeuchtigkeitswert von mindestens 90 % zu (Glatteiswarnung). Über die Alarmereignisse soll das System mit Festhalten ihrer Werte, des Datums und des Zeitpunkts Buch führen. In einer späteren Ausbaustufe ist ein lokaler Rundfunksender über das Eintreten dieser Ereignisse zu benachrichtigen.

Das fertige System soll sich den Benutzern mit einer Oberfläche der in Abbildung 7.1 gezeigten Art präsentieren, wobei die Analoganzeigen die zwischen −1 und +1 liegenden Prognosetrends darstellen. Abbildung 7.2 zeigt ein Übersichtsdiagramm der vorliegenden Problemspezifikation.

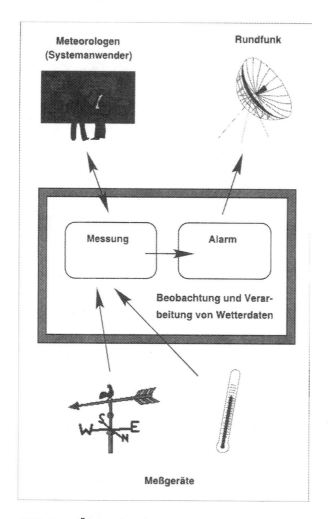

Abbildung 7.2: Das Übersichtsdiagramm des untersuchten Problembereichs

Wir zerlegen zunächst den abzubildenden Problembereich in zwei Subjekte Messung und Alarm und beginnen die Analyse mit der Zusammenstellung derjenigen Klassen, die für die Erhebung und Verarbeitung der Meßwerte verantwortlich sind. Dabei gehen wir hier davon aus, daß die verwendeten Meßgeräte mit der Systemuhr verbunden werden und daß die Erhebungsrate der Werte bei ihnen softwareseitig eingestellt werden kann. Die technischen Details der Kommunikation mit den Rechnerports „hüllen" wir in Sensorklassen ein, deren Methoden

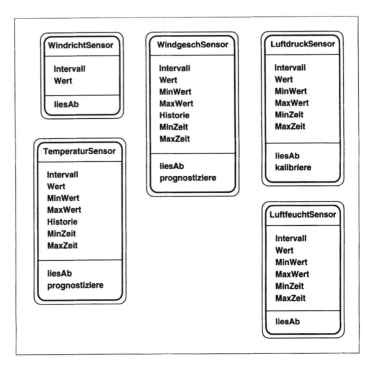

Abbildung 7.3: Klassenkandidaten für das Subjekt Messung

im Design um die hardwarenahen Aspekte zu erweitern sind.

Eine erste Studie der Systemaufgaben wird eine Zusammenstellung
von Klassen ähnlich der in Abbildung 7.3 gezeigten zum Ergebnis haben. Das Attribut Wert dient hier zur Aufnahme des zuletzt erhobenen
aktuellen Meßwerts, MinWert und MaxWert nehmen die 24-Stunden-
Extremwerte auf, MinZeit und MaxZeit die entsprechenden Zeitpunkte.
In das Feld oder die Liste Historie werden alle in den letzten 24 Stunden gemessenen Daten eingetragen, und in Intervall wird die jeweilige
Erhebungsrate gespeichert.

Untersuchen wir diese Klassen im Hinblick auf die in Abschnitt 3.1
hergeleiteten Kriterien, so fällt vor allem auf, daß dieselben Attribute in verschiedenen Klassen mehrfach auftreten, was die Bildung ge-
meinsamer Basisklassen nahelegt. Weiterhin werden alle modellierten
Klassen nur ein einziges Objekt enthalten. Dieser letzte Kritikpunkt,
der üblicherweise eine Überprüfung auf korrekte Modellierung des

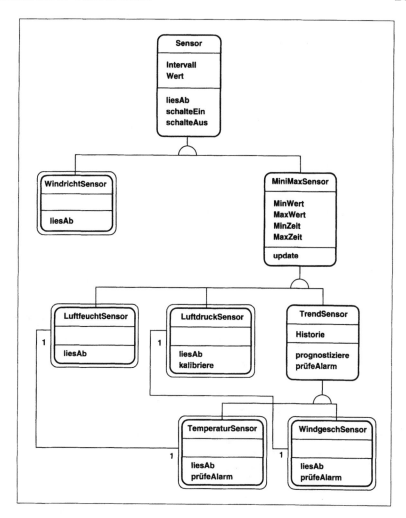

Abbildung 7.4: Überarbeitetes statisches Modell der Sensoren

Problembereichs („Sind die Klassen zu detailliert modelliert worden?")
nach sich ziehen sollte, ist typisch für Klassen und Objekte, die sich
– wie alle Sensoren – auf der Schnittstelle des Systems zur Realwelt
befinden. Im Beispiel ist der Problembereich diesbezüglich richtig abgebildet; eine modifizierte Klassenstruktur, die die Redundanzen bei
den Attributen beseitigt, zeigt Abbildung 7.4 mit den abstrakten Basisklassen Sensor, MiniMaxSensor und TrendSensor. Die Methode liesAb wird
in allen abgeleiteten Klassen entsprechend dem verwendeten Sensor-

typ und dem Datentyp seiner Werte überschrieben. Ebenso sind die
neu aufgenommenen Methoden prüfeAlarm, mit denen die Temperatur-
und Windgeschwindigkeitsprognosen untersucht werden, klassenspe-
zifisch zu implementieren. Zur Prognose der zukünftigen Werte kann
dagegen dieselbe Funktion prognostiziere verwendet werden. Das Modell ist weiterhin um die Methode update zum Aktualisieren der 24-
Stunden-Extremwerte ergänzt und um die Objektbeziehungen, die
prüfeAlarm benötigt, erweitert worden.

Bezieht man im weiteren Analyseverlauf die Alarmvorgänge mit ein,
so ergibt sich eine Struktur analog zu der, die in Abbildung 7.5 für
das Alarmsubjekt gezeigt ist. Die Sensorobjekte können nun Alarm-
objekte erzeugen, die sich dann selbst (mit der Methode speichere) in
das einem Trendsensor bekannte Alarmverzeichnis eintragen. Weitere
Aktivitäten, z.B. die Benachrichtigung einer Rundfunkstation, können
mit der Methode bearbeite veranlaßt werden. Die Funktion zeigeAn wird
jeweils aufgerufen, wenn das Alarmverzeichnis komplett oder teilweise ausgegeben werden soll. Zur Abrundung des statischen Modells
geben wir hier noch die Klassenspezifikation eines Windgeschwindigkeitssensors an:

Klasse WindgeschSensor

Beschreibung: Ist ein Spezialfall eines TrendSensors, der die
    Windgeschwindigkeit in km/h mißt, eine Windprognose be-
    rechnen kann und gegebenenfalls eine Sturmwarnung erzeugt
    und speichert.

Attribute für Klasse WindgeschSensor

keine zusätzlichen zu den geerbten Attributen.

Objektverbindungen für Klasse WindgeschSensor

(1) Verbindung zu LuftdruckSensor

Kardinalitäten: WindgeschSensor 1 – LuftdruckSensor 1

Beschreibung: Liefert den Luftdrucksensor der Wetterstation.

Methoden für Klasse WindgeschSensor

(1) liesAb

Argumente: keine

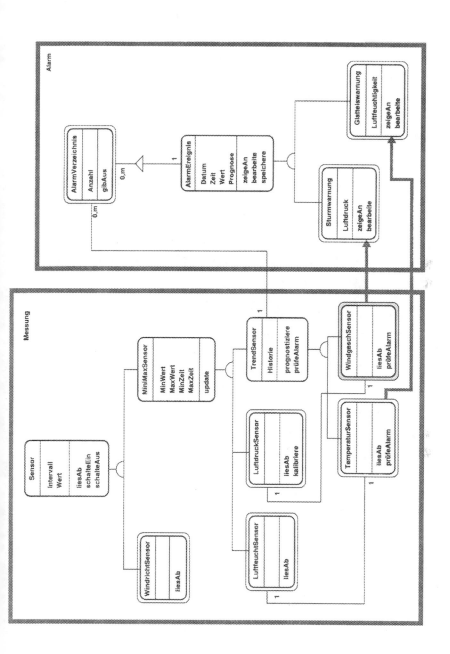

Abbildung 7.5: Das vollständige statische Modell

Funktionswert: kein

Beschreibung: Liest den aktuellen Geschwindigkeitswert ab. Ruft
die eigenen Methoden „setzeWert" und „update" auf. Trägt den
Meßwert in das 24-Stunden-Feld ein und ruft anschließend
die eigenen Methoden „prognostiziere" und „prüfeAlarm" auf.

(2) prüfeAlarm

Argumente: keine

Funktionswert: ganze Zahl

Beschreibung: Sendet die Nachrichten „gibWert" und „gibMax-
Wert" an den zugehörigen Luftdrucksensor. Erzeugt und speichert ein Sturmwarnungsobjekt, sofern der Luftdruckwert <
MaxWert - 5 und die prognostizierte Windgeschwindigkeit >
70 ist. In diesem Fall ist der Funktionswert 1. Anderenfalls
ist der Funktionswert 0.

Nachrichtenverbindungen für Klasse WindgeschSensor

(1) Verbindung zu Sturmwarnung

benötigte Methode: erzeugeSturmwarnung

Argumente: Wert/Gleitpunktzahl, Luftdrucksensor::Wert/Gleit-
punktzahl, Funktionswert von „prognostiziere"/Gleitpunktzahl

Beschreibung: Ist die Erzeugung eines Sturmwarnungsobjekts,
das sich selbst bearbeitet und mit Datum und Zeit im Alarmverzeichnis speichert.

Wir setzen die Analyse nun mit der Modellierung der dynamischen
Aspekte fort und beginnen, wie üblich, mit dem Schreiben von Szenarios. Zwei Szenarios A und B sollen hier wiedergegeben werden. Szenario A beschreibt den „Normalfall", in dem das System selbständig
seine Sensoren liest:

Szenario A:

Timer-gesteuert übernehmen die fünf Sensorobjekte die Meßwerte von den Meßgeräten.

Der Windrichtungssensor mißt 551 Grad und überträgt den Wert
in den Wertebereich { N, NNO, NO, ..., NW, NNW }, mit dem
Resultat NNW.

Der Luftdrucksensor mißt 56,2 hPa. Der Wert ist kleiner als der
alte „MinWert", der deshalb neu gesetzt wird. „MinZeit" wird
die aktuelle Zeit zugewiesen.

Der Luftfeuchtigkeitssensor mißt 38,7 %. Eine Aktualisierung
der Extremwerte ist nicht nötig.

Der Windgeschwindigkeitssensor mißt 17,2 km/h. Eine Aktualisierung der Extremwerte ist nicht nötig. Der Sensor berechnet
als neue Prognose 19,8 km/h. Es wird keine Sturmwarnung
ausgelöst.

Der Temperatursensor mißt 12,4 °C. Eine Aktualisierung der Extremwerte ist nicht nötig. Der Sensor berechnet als neue Prognose 12,6 °C. Es wird keine Glatteiswarnung ausgelöst.

Das Display wird mit den neuen Werten aktualisiert, und das
System prüft, ob eine Benutzereingabe vorliegt.

Als zweites Szenario geben wir eine Ereignisfolge an, in der eine Benutzereingabe das Ablesen eines Sensors veranlaßt, was anschließend
zu einer Alarmauslösung führt.

Szenario B:

Der Benutzer gibt „Windgeschwindigkeit" ein.

Der Windgeschwindigkeitssensor mißt 69,1 km/h. Eine Aktualisierung der Extremwerte ist nicht nötig. Der Sensor berechnet
als neue Prognose 71,3 km/h. Der aktuelle Luftdruckwert be-
trägt 35,6 hPa. Dieser Wert ist kleiner als der Maximalwert
(48,0) −5.

Es wird Sturmwarnung ausgelöst.

Das Display wird mit den neuen Werten aktualisiert, und das
System prüft, ob eine Benutzereingabe vorliegt.

Die Aufrufreihenfolge der Methoden für Szenario B ist in Abbildung 7.6
dargestellt. In diesem Ereignisfolgediagramm sind auch die Aufrufe
impliziter Klassenmethoden aufgeführt. Als letzte Aktion haben wir
den Aufruf einer Methode aktDisplay abgebildet; hier handelt es sich
um eine Methode zur Aktualisierung der angezeigten Daten, die im
Rahmen des Designs der Kommunikationskomponente zu spezifizieren ist.

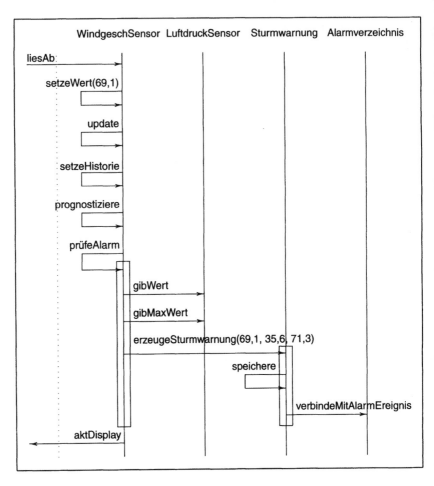

Abbildung 7.6: Das Ereignisfolgediagramm zu Szenario B

Basierend auf diesem Ereignisfolgediagramm und dem sehr einfach
strukturierten Szenario A kann man nun bereits das Zustandsdiagramm eines Windgeschwindigkeitssensors entwerfen, wie es in Abbildung 7.7 dargestellt ist. Von Interesse ist dabei neben dem Ein-
und Ausschalten lediglich das von einem Benutzer oder der Systemuhr ausgehende Ereignis liesAb, das den Wert des Attributs Historie und
möglicherweise auch Wert, MinWert und MinZeit oder MaxWert und MaxZeit
verändert. Dabei kann sich ein neuer Folgezustand (Alarm auslösen
bzw. aufheben) einstellen. Wie man an dem Zustandsdiagramm erkennt, ist das Ablesen immer mit denselben Aktionen update, prognosti-

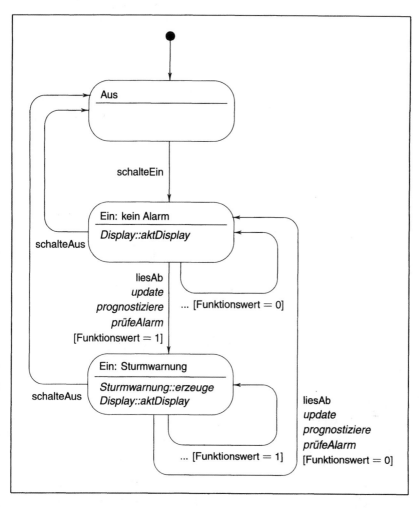

Abbildung 7.7: Das Zustandsdiagramm der Klasse WindgeschSensor

ziere und prüfeAlarm verknüpft, wobei der Funktionswert dieser Methode über den Folgezustand entscheidet. Die Aktionsfolge ist auch gut zur Aufnahme als Ausgangsaktion in die Ein-Zustände geeignet – siehe Abschnitt 3.2.4, S. 139. Ebenso ist der Entwurf eines eigenständigen Ereignisfolgediagramms zur Alarmereignisprüfung mit anschließender Erzeugung eines Ereignisobjekts vorstellbar – siehe Abschnitt 3.2.2, S. 121. Die Aufrufe der impliziten Funktionen zum Kontrollieren der Luftdruckwerte haben wir hier nicht explizit modelliert.

Zur Ergänzung der im Zustandsdiagramm gegebenen Information über das dynamische Verhalten eines Windgeschwindigkeitssensors fügen wir noch die zugehörige Zustandsspezifikation an. Das Zustandsdiagramm und die Spezifikation eines Temperatursensors gestaltet sich ähnlich. Bei den übrigen bisher modellierten Klassen ist die Anfertigung dieser Diagramme wegen der einfach verständlichen Dynamik nicht erforderlich.

Zustand Aus

Beschreibung: Das Meßgerät ist ausgeschaltet.

Ereignisse

(1) schalteEin
Sender: Ein Benutzer
Folgezustand: Ein: kein Alarm

Zustand Ein: kein Alarm

Beschreibung: Das Meßgerät ist eingeschaltet und mißt einmal
    pro Minute sowie auf Benutzeranforderung die Windgeschwin-
    digkeit. Es besteht aktuell keine Sturmwarnung.

Attributwerte

Die Attributwerte „Wert" und „Historie" ergeben zusammen mit
    den Luftdruckwerten 0 als Resultat des Aufrufs der Methode
    „prüfeAlarm". (Im Design wird man ein ableitbares Attribut
    „AlarmZustand" zur Speicherung dieses Resultats definieren.)

Verbindungen

(1) Es existiert eine Eins-zu-Eins-Beziehung zu einem Luftdruck-
    sensor.

Aktionen

(1) „aktDisplay" an ein Display-Objekt der MCK.

Ereignisse

(1) schalteAus   (vgl. Methoden für Klasse Sensor)
Sender: ein Benutzer
Folgezustand: Aus

(2) liesAb   (vgl. Methoden für Klasse WindgeschSensor)

Sender: die Systemuhr oder ein Benutzer

Aktionen: „update" zum Aktualisieren der Attributwerte, „prognostiziere" zum Berechnen des Prognosewerts, „prüfeAlarm"
zum Überprüfen der aktuellen Werte – dabei „gibWert" und
„gibMaxWert" zum Kontrollieren des Luftdrucks.

Folgezustand: „Ein: kein Alarm" bzw. „Ein: Sturmwarnung", je
nach Funktionswert 0 bzw. 1 der Methode „prüfeAlarm".

Zustand Ein: Sturmwarnung

Beschreibung: Das Meßgerät ist eingeschaltet und mißt einmal
pro Minute sowie auf Benutzeranforderung die Windgeschwindigkeit. Es besteht Sturmwarnung.

Attributwerte

Die Attributwerte „Wert" und „Historie" ergeben zusammen mit
den Luftdruckwerten 1 als Resultat des Aufrufs der Methode
„prüfeAlarm".

Verbindungen

(1) Es existiert eine Eins-zu-Eins-Beziehung zu einem Luftdrucksensor.

Aktionen

(1) „erzeugeSturmwarnung" an die Klasse Sturmwarnung.

(2) „aktDisplay" an ein Display-Objekt der MCK.

Ereignisse

Vgl. Zustand „Ein: kein Alarm".

Wir schließen das Beispiel mit dem Teil der funktionalen Modellsicht
ab, der sich mit der Beschreibung der beim Ablesen eines Windgeschwindigkeitssensors veranlaßten Aktionen befaßt. In Abbildung 7.8
ist der entsprechende Pseudocode angegeben.

Hier ist ad hoc festgelegt worden, daß die Historie der Meßwerte zunächst kreisförmig in einer Schlange (hist) der Länge 1440 abgelegt
wird, wobei anfang immer auf den Feldanfang zeigt.

```
Methode liesAb
anz = 1440                                            // 1440 Min/Tag

setzeWert
wert = gibMesswert                                    // Übernahme von der Hardware

update
t = Timer::gibZeit
IF  wert < minWert oder t ≥ minZeit + 86400           // 86400 Sek/Tag
      minWert = wert
      minZeit = t
ELSE IF  wert > maxWert oder t ≥ maxZeit + 86400
      maxWert = wert
      maxZeit = t
END-IF

setzeHistorie
hist[ anfang ] = wert
anfang = (anfang + 1) mod anz

prognostiziere                                        // lineare Regression
wQuer = 0
DO-FOR  i = 0, 1, . . . , anz − 1
      wQuer = wQuer + hist[ i ]
END-DO
wQuer = wQuer/anz
wS = 0
j = anz
DO-FOR  i = 1, 2, . . . , anz
      j = j mod anz
      wS = wS + (i − 0.5*(anz + 1))*(hist[ j ] − wQuer)
      j = j + 1
END-DO
prognose = wQuer + 6*wS*(anz + 1)/(anz³ − anz)

prüfeAlarm
IF  prognose > 70 und LuftdruckSensor::gibWert < LuftdruckSensor::gibMaxWert − 5
      Sturmwarnung::erzeuge(wert, LuftdruckSensor::gibWert, prognose)
      alarmZustand = 1
ELSE
      alarmZustand = 0
END-IF
```

Abbildung 7.8: Pseudocode für die Methode liesAb

Als Prognoseverfahren ist mit den Anwendern zunächst eine lineare Regression in einfachster Form vereinbart worden. Ob bzw. wie man die immer wiederkehrenden Neuberechnungen der Mittelwerte und Abweichungsquadrate durch das Fortschreiben der alten Werte vereinfachen kann, ist im Design zu klären. Dort ist auch dafür Sorge zu tragen, daß ein Prognosewert auch dann noch richtig berechnet wird, wenn erst weniger als die 1440 Meßwerte eines ganzen Tages vorliegen.

Weitere Designarbeiten werden sich im wesentlichen mit der Ausgestaltung der Kommunikationskomponente und ihrer Zusammenarbeit mit den Problembereichsklassen befassen.

Ausblick

Mit der Darstellung der Fallstudie im vorhergehenden Kapitel ist die Beschreibung unserer Methode für die objektorientierte Systemanalyse abgeschlossen. Die schnelle Entwicklung auf dem Gebiet der „Objekttechnologie" macht auch vor dem relativ jungen Teilgebiet der objektorientierten Analyse nicht halt. So befaßt man sich beispielsweise zunehmend mit Fragestellungen, wie eine Wiederverwendung von Analyseergebnissen aus Aufgabenstellungen, die mit dem aktuell betrachteten Problem verwandt sind, sinnvoll realisiert werden kann. Ein in letzter Zeit vermehrt diskutierter Vorschlag beschäftigt sich nicht mehr nur mit dem Auffinden geeigneter Klassen in Bibliotheken, sondern mit der Identifikation häufig wiederkehrender Muster („Patterns") von Klassen, die über spezifische Objekt- oder Nachrichtenverbindungen bzw. Strukturbeziehungen miteinander verknüpft sind – in Kapitel 4 haben wir in diese Problemstellung eingeführt und erste, wichtige Entwurfsmuster behandelt.

Ein weiteres auch in Zukunft aktuelles Thema ist die von uns in Kapitel 6 kurz umrissene Computerunterstützung. Hier ist zu erwarten, daß sich aus der Fülle der derzeit existierenden Modelle und Methoden einige wenige als für die Praxis relevant durchsetzen werden. Bei den entsprechenden CASE-Tools wird sich die Entwicklung mit der Wiederverwendung früherer Ergebnisse für Analyse und Design und der automatisierten Einbringung von Klassenbibliotheken in Design und Implementierung befassen müssen. Die bei allen von uns betrachteten Tools noch sehr bruchstückhafte Codegenerierung muß sich – beispielsweise in bezug auf kontextabhängige, auch die jeweiligen Kardinalitätsangaben berücksichtigende, Implementationsvorschläge für die Realisierung von Gesamtheit-Teil-Strukturen und Objektverbindungen – weiterentwickeln und mit dem funktionalen Analyse/Designmodell verzahnt werden. Sofern Tools umgekehrt auch fähig zum „Reverse Engineering" sind – also aus Programmcode komplette Analysemodelle ableiten können, wird die Bedeutung einer eigenständigen funktionalen Sicht, die von uns nur knapp behandelt wurde, weiter schwinden. Gleichzeitig kann sich der Schwerpunkt der Entwicklungstätigkeiten von der objektorientierten Programmierung auf die Analyse- und Designtätigkeiten verlagern.

Neben der Vorbereitung und Unterstützung der Implementierung sind auch die Möglichkeiten zur automatischen Fehlererkennung ein wesentlicher Grund für den Einsatz von CASE-Tools. Die Durchführung umfangreicher Konsistenzprüfungen wird von den existierenden Werkzeugen in der Regel zumindest in Ansätzen unterstützt. Gegenstand aktueller Untersuchungen ist darüber hinaus die Frage der quantitativen Messung der Qualität eines objektorientierten Designs oder der zugehörigen Implementation. Erste Vorschläge zur Anpassung und Weiterentwicklung klassischer, bisher verwendeter „Softwaremetriken" findet man in Chidamber und Kemerer (1991), Lorenz und Kidd (1994) und Kuhlmann (1994–96).

Auf einem höheren Abstraktionsniveau beschäftigen sich Arbeiten mit dem Entwurf von „Metamodellen" für objektorientierte Softwareentwicklungsmethoden (vgl. z.B. Rundshagen (1995)). Derartige Modelle, die den jeweiligen Ansatz formal beschreiben, sollen es einerseits ermöglichen, die verschiedenen Vorgehensweisen objektiver vergleichen zu können. Und zum anderen können mit ihrer Hilfe neben der Methodensyntax auch die zu beachtenden Konsistenzregeln formal dargestellt werden, was die spätere Realisierung innerhalb eines CASE-Tools erleichtert. Auch die Arbeiten der Object Management Group und die publizierten und geplanten Referenzmodelle für die Architektur von Objekten, die von jedem Objekt bereitzustellenden Methoden, den Nachrichtenversand zwischen netzwerkweit verteilten Objekten und die Gestalt typischer Objekte für bestimmte Anwendungsbereiche – z.B. Geschäftsobjekte („Business Objects") im kaufmännischen Bereich – sind hier einzuordnen. (Vgl. OMG (1994,95).)

Anhang A

Ergänzende Szenarios

In diesem Anhang stellen wir noch drei weitere Szenarios für Beispiel 3, zusammen mit ihren Ereignisfolgediagrammen, vor: Szenario C behandelt den Fall, daß passend gezahlt werden muß und kein Verkauf zustande kommt.

Szenario C:

Der Benutzer gibt die Ziffer 2 ein.

Die Anzeige zeigt die Auswahl 02.

Der Benutzer drückt die Taste Bestätigung.

Der Automat bereitet den Verkaufsvorgang vor. Er kontrolliert, daß noch mindestens ein Produkt mit der Nummer 2 in einem Schacht enthalten ist, stellt den Produktpreis fest und übermittelt den Betrag an den Münzzähler.

Die Anzeige zeigt den zu zahlenden Betrag 0,80. Der Münzzähler stellt fest, daß passend gezahlt werden muß und schaltet die Warnlampe ein.

Der Benutzer wirft eine 50 Pf-Münze ein. Der Münzzähler prüft den eingezahlten Betrag.

Die Anzeige zeigt den noch zu zahlenden Betrag 0,30.

Der Benutzer wirft eine 50 Pf-Münze ein. Der Münzzähler prüft den eingezahlten Betrag und stellt fest, daß nicht passend gezahlt wurde.

Der Gesamtbetrag 1,00 wird zurückgegeben. Die Anzeige zeigt 0,00, und der Verkaufsvorgang ist beendet.

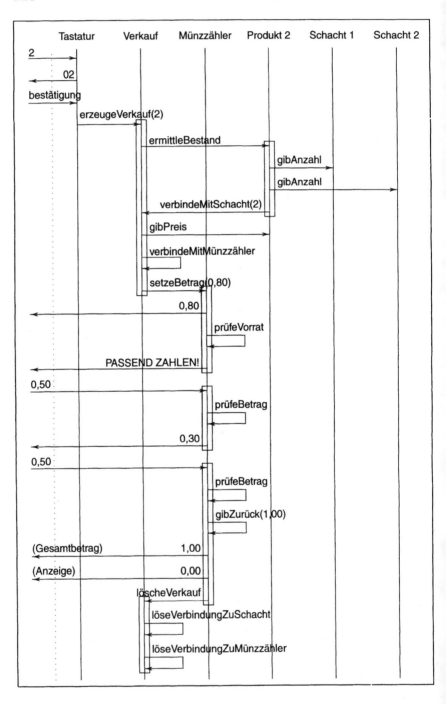

Abbildung A.1: Detailliertes Ereignisfolgediagramm für Szenario C

Im entsprechenden, detaillierten Ereignisfolgediagramm haben wir auch die Aufrufe impliziter Methoden dargestellt.

Auch in Szenario D muß passend gezahlt werden. Hier wird ein Verkauf getätigt.

Szenario D:

Der Benutzer gibt die Ziffer 1 ein.

Die Anzeige zeigt die Auswahl 01.

Der Benutzer drückt die Taste Bestätigung.

Der Automat bereitet den Verkaufsvorgang vor. . . .

Die Anzeige zeigt den zu zahlenden Betrag 1,00. Der Münzzähler stellt fest, daß passend gezahlt werden muß und schaltet die Warnlampe ein.

Der Benutzer wirft eine 1 DM-Münze ein. Der Münzzähler prüft den eingezahlten Betrag und stellt fest, daß passend gezahlt wurde.

Die Anzeige zeigt 0,00. Ein Schacht gibt das Produkt aus, und der Verkaufsvorgang ist beendet.

Szenario E beschreibt, wie ein Produkt gewählt wird, aber nicht verkauft werden kann, weil es ausverkauft ist.

Szenario E:

Der Benutzer gibt die Ziffer 1 ein.

Die Anzeige zeigt die Auswahl 01.

Der Benutzer drückt die Taste Bestätigung.

Der Automat bereitet den Verkaufsvorgang vor. Er stellt fest, daß es keinen Schacht gibt, der ein Produkt mit der Nummer 1 enthält.

Die Anzeige zeigt 00,00, und der Verkaufsvorgang ist beendet.

Das zugehörige Ereignisfolgediagramm haben wir nur knapp – ohne die Aufnahme impliziter Methoden – modelliert.

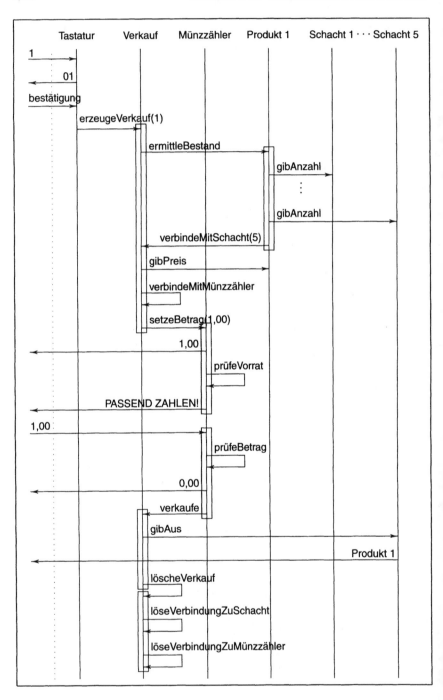

Abbildung A.2: Das Ereignisfolgediagramm für Szenario D

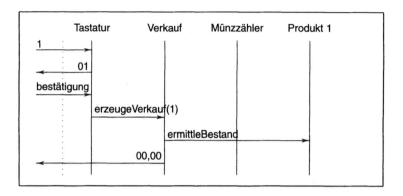

Abbildung A.3: Das Ereignisfolgediagramm für Szenario E

Anhang B

Ergänzende Zustandsbeschreibungen

An dieser Stelle geben wir die in den Abschnitten 3.2.4 und 3.3.3 erwähnten zusätzlichen Erläuterungen zur Mischerklasse aus Beispiel 2. Abbildung B.1 zeigt das Klassenzustandsdiagramm. Wir haben auch hier wieder auf die Modellierung des Reinigungsvorgangs verzichtet, da sein Ablauf genau dem Einfüllen, Mischen und Entleeren bei einem Produktionsvorgang entspricht.

Bei der folgenden Zustandsspezifikation, die dieses Diagramm ergänzt, ist zu beachten, daß in allen Zuständen eine Eins-zu-Eins-Beziehung sowohl zu einem Vorratslager als auch zu einem Produktlager existiert, die wir nicht gesondert ausgewiesen haben. Weiterhin sind bis auf die Timer-Erzeugung, die anzeigen soll, daß der Zustand Mischvorgang läuft nach Ablauf einer bestimmten vorgegebenen Zeitdauer beendet wird, keine Aufrufe impliziter Methoden – z.B. zum Öffnen und Schließen der Ventile, zum Setzen von Produktionsdatum und -zeit oder zum Hochsetzen der Drehzahl – modelliert.

Zustand Leer

Beschreibung: Es läuft aktuell kein Produktionsvorgang.

Attributwerte

(1) Das Aufnahmeventil ist geschlossen.

(2) Das Abgabeventil ist geschlossen.

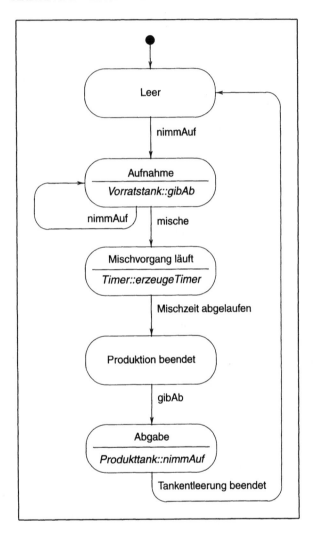

Abbildung B.1: Das Zustandsdiagramm der Klasse Mischer

(3) Die Drehzahl ist Null.

(4) Die Menge ist Null.

Ereignisse

(1) nimmAuf   (vgl. Methoden für Klasse Mischer)

Sender: Ein neu erzeugtes Produktionsobjekt

Argumente: Bestandteil/String, Menge/ganze Zahl

Folgezustand: Aufnahme

Zustand Aufnahme

Beschreibung: Die zur Herstellung einer Rezeptur benötigten Bestandteile werden aufgenommen.

Attributwerte

(1) Das Aufnahmeventil ist geöffnet.

(2) Das Abgabeventil ist geschlossen.

(3) Die Drehzahl ist Null.

Verbindungen

(1) Es existiert eine Eins-zu-Eins-Beziehung zu einem Produktionsobjekt.

Aktionen

(1) „gibAb" an passenden Vorratstank.

Ereignisse

(1) nimmAuf   (vgl. Methoden für Klasse Mischer)
Sender: das Produktionsobjekt
Argumente: Bestandteil/String, Menge/ganze Zahl
Folgezustand: Aufnahme

(2) mische   (vgl. Methoden für Klasse Mischer)
Sender: das Produktionsobjekt
Argumente: Mischzeit/ganze Zahl
Folgezustand: Mischvorgang läuft

Zustand Mischvorgang läuft

Beschreibung: Die Bestandteile werden zu dem Endprodukt gemischt.

Attributwerte

(1) Das Aufnahmeventil ist geschlossen.

(2) Das Abgabeventil ist geschlossen.

(3) Die Drehzahl größer als Null.

(4) Die Menge ist die Summe der Mengen der einzelnen Bestandteile.

Verbindungen

(1) Es existiert eine Eins-zu-Eins-Beziehung zu einem Produktionsobjekt.

(2) Es existiert eine Eins-zu-Eins-Beziehung zu einem Timer-Objekt.

Aktionen

(1) erzeugeTimer

Ereignisse

(1) Mischzeit abgelaufen (genauer: setzeDrehzahl(0))
Sender: das Timer-Objekt
Folgezustand: Produktion beendet

Produktion beendet

Beschreibung: Das Endprodukt ist hergestellt und kann abgefüllt werden.

Attributwerte

(1) Das Aufnahmeventil ist geschlossen.

(2) Das Abgabeventil ist geschlossen.

(3) Die Drehzahl ist Null.

(4) Die Menge ist die Summe der Mengen der einzelnen Bestandteile.

(5) Der Inhalt ist der Produktname.

Verbindungen

(1) Es existiert eine Eins-zu-Eins-Beziehung zu einem Produktionsobjekt.

Ereignisse

(1) gibAb   (vgl. Methoden für Klasse Mischer)
Sender: Das Produktionsobjekt
Argumente: Produktname/String, Menge/ganze Zahl
Folgezustand: Abgabe

Zustand Abgabe

Beschreibung: Das Endprodukt wird in die Produkttanks abgefüllt.

Attributwerte

(1) Das Aufnahmeventil ist geschlossen.

(2) Das Abgabeventil ist geöffnet.

(3) Die Drehzahl ist Null.

Verbindungen

(1) Es existiert eine Eins-zu-Eins-Beziehung zu einem Produktionsobjekt.

Aktionen

(1) „nimmAuf" an passenden Produkttank.

Ereignisse

(1) Tankentleerung beendet

Sender: der Mischer

Folgezustand: Leer

Spezifiziert man für dieses Beispiel die Methode mische, so ergibt sich bei der Benutzung eines Datenflußdiagramms die in Abbildung B.2 gezeigte Art der Darstellung.

Bei Verwendung von Pseudocode könnte man sich hier auf die Folge der Verarbeitungsschritte:

```
erzeugeTimer(Rezeptur.Mischzeit, setzeDrehzahl(0), MischerID)
Produktion.setzeProduktionsdatum(Timer.Datum)
Produktion.setzeProduktionsbeginn(Timer.Zeit)
setzeDrehzahl(Max)
```

beschränken, sofern die Timer-Methoden an anderer Stelle definiert sind.

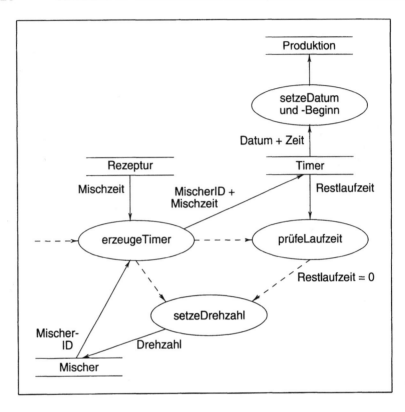

Abbildung B.2: Ein Datenflußdiagramm für die Methode mische

Literaturverzeichnis

Abbot, R. (1983). 'Program Design by Informal English Descriptions'. *Communications of the ACM* 26(11), 883–894.

ANSI (1995). *Working Paper for Draft Proposed International Standard for Information Systems—Programming Language C++*. American National Standards Institute.

Berard, E. (1993). *Essays on object-oriented software engineering.* Vol. 1. Prentice-Hall. Englewood Cliffs, New Jersey.

Bieberstein, N. (1993). *CASEtools: Auswahl – Bewertung – Einsatz.* Hanser-Verlag. München, Wien.

Boehm, B. (1976). 'Software Egineering'. *IEEE Transactions on Computers* 25(12), 1226–1241.

Boehm, B. (1986). 'A Spiral Model of Software Development and Enhancement'. *ACM Sigsoft, Software Engineering Notes* 11(4), 22–42.

Böhm, C. und G. Jacopini (1966). 'Flow Diagrams, Turing Machines, and Languages with Only Two Formation Rules'. *Communications of the ACM* 9(5), 366–371.

Booch, G. (1994). *Object-Oriented Design with Applications.* 2nd edn. Benjamin-Cummings. Redwood City, California.

Burleson, D. (1993). *Applications of Object-Oriented Techniques to Relational Databases.* John Wiley. New York u.a.

Carmichael, A. (Hrsg.) (1994). *Object Development Methods.* SIGS Books. New York.

Cattell, R. (1994a). *Object Data Management: Object-Oriented and Extended Relational Database Systems (Revised Ed.)*. Addison-Wesley. Reading, Massachusetts u.a.

Cattell, R. (Hrsg.) (1994b). *The Object Database Standard: ODMG-93, Release 1.1*. Morgan Kaufmann. San Mateo, California.

Chen, P.-S. (1976). 'The Entity-Relationship Model – Toward a Unified View of Data'. *ACM Transactions on Database Systems* 1(1), 9–36.

Chidamber, S. und C. Kemerer (1991). 'Towards a Metrics Suite for Object Oriented Design'. *OOPSLA' 91 Proceedings*.

Coad, P. (1992). 'Object-Oriented Patterns'. *Communications of the ACM* 35(9), 152–159.

Coad, P. und J. Nicola (1993). *Object-Oriented Programming*. Yourdon Press. Englewood Cliffs, New Jersey.

Coad, P., D. North und M. Mayfield (1995). *Object Models: Strategies, Patterns, and Applications*. Yourdon Press. Englewood Cliffs, New Jersey.

Coad, P. und E. Yourdon (1991a). *Object-Oriented Analysis*. 2nd edn. Prentice-Hall. Englewood Cliffs, New Jersey.

Coad, P. und E. Yourdon (1991b). *Object-Oriented Design*. Prentice-Hall. Englewood Cliffs, New Jersey.

Collins, D. (1995). *Designing Object-Oriented User Interfaces*. Benjamin-Cummings. Redwood City, California.

Coplien, J. und Schmidt, D. (Hrsg.) (1995). *Pattern Languages of Program Design*. Addison-Wesley. Reading, Massachusetts u.a.

Cox, B. und A. Novobilski (1991). *Object-oriented programming: an evolutionary approach*. 2nd edn. Addison-Wesley. Reading, Massachusetts u.a.

DeMarco, T. (1979). *Structured Analysis and System Specification*. Yourdon Press. Englewood Cliffs, New Jersey.

DIN 66261 (1985). 'Sinnbilder für Struktogramme nach Nassi-Shneiderman'. *Deutsches Institut für Normung.*

Embley, D., B. Kurtz und S. Woodfield (1992). *Object-Oriented Systems Analysis – A Model-Driven Approach.* Prentice-Hall. Englewood Cliffs, New Jersey.

Flecher, T. und J. Hunt (1993). *Software Engineering and CASE – Bridging the Culture Gap.* Cap Gemini America Series. McGraw-Hill. New York u.a.

Ford, D. (1995). 'Event-driven threads in C++'. *Dr. Dobb's Journal* 6(20), 48–54.

Gamma, E., R. Helm, R. Johnson und J. Vlissades (1995). *Design Patterns: Elements of Reusable Object-Oriented Software.* Addison-Wesley. Reading, Massachusetts u.a.

Gane, C. und T. Sarson (1979). *Structured Systems Analysis: Tools and Techniques.* Prentice-Hall. Englewood Cliffs, New Jersey.

Gorlen, K., S. Orlow und P. Plexico (1990). *Data Abstraction and Object-Oriented Programming in C++.* John Wiley. New York u.a.

Graham, I. (1991). *Object Oriented Methods.* Addison-Wesley. Reading, Massachusetts u.a.

Habermann, H.-J. und F. Leymann (1993). *Repository: eine Einführung.* Handbuch der Informatik. Oldenbourg-Verlag. München, Wien.

Harel, D. (1987). 'Statecharts: A visual formalism for complex systems'. *Science of Computer Programming* 8, 231–274.

Harel, D. (1988). 'On Visual Formalisms'. *Communications of the ACM* 31(5), 514–529.

Harmon, P. und D. Taylor (1993). *Objects in Action – Commercial Applications of Object-Oriented Technologies.* Addison-Wesley. Reading, Massachusetts u.a.

Hatley, D. und I. Pirbhai (1988). *Strategies for Real-Time System Specification*. Dorset House. New York.

Henderson-Sellers, B. (1992). *A Book of Object-Oriented Knowledge – Object-Oriented Analysis, Design and Implementation: A new approach to software engineering*. Prentice Hall. New York u.a.

Henderson-Sellers, B. und J. Edwards (1990). 'The Object-Oriented Systems Life Cycle'. *Communications of the ACM* 33(9), 142–159.

Heuer, A. (1992). *Objektorientierte Datenbanken*. Addison-Wesley. Bonn, München.

Hopcroft, J. und J. Ullman (1979). *Introduction to Automata Theory, Languages and Computation*. Addison-Wesley. Reading, Massachusetts.

Hull, R. und R. King (1987). 'Semantic Database Modeling: Survey, Applications, and Research Issues'. *ACM Computing Surveys* 19(3), 201–260.

IBM (1991). *IBM CUA-91 Manual: Common User Access—Guide to User Interface Design*, und *Common User Access—Advanced Interface Design*. IBM form SC34-4289 und SC34-4290.

Jackson, M. (1983). *System Development*. Prentice-Hall. London.

Jacobson, I., M. Christerson, P. Jonsson und G. Övergaard (1992). *Object-Oriented Software Engineering – A Use Case Driven Approach*. Addison-Wesley. Wokingham, England u.a.

Kemper, A. und G. Moerkotte (1994). *Object-Oriented Database Management*. Prentice Hall. Englewood Cliffs, New Jersey.

Kuhlmann, K. (1994). Ein Katalog objektorientierter Qualitätsmaße. Diskussionspapier 2-94. Lehrstuhl für Wirtschaftsinformatik III Universität Mannheim.

Kuhlmann, K. (1995). Kopplung, Bindung und Komplexität. Diskussionspapier 3-95. Lehrstuhl für Wirtschaftsinformatik III Universität Mannheim.

Kuhlmann, K. (1996). Ein Katalog objektorientierter Produktmaße. Diskussionspapier 1-96. Lehrstuhl für Wirtschaftsinformatik III Universität Mannheim.

Loomis, M. (1995). *Object Databases: The Essentials*. Addison-Wesley. Reading, Massachusetts u.a.

Lorenz, M. (1993). *Object-Oriented Software Development: A Practical Guide*. Prentice Hall. Englewood Cliffs, New Jersey.

Lorenz, M. und J. Kidd (1994). *Object-Oriented Software Metrics*. Prentice-Hall. Englewood Cliffs, New Jersey.

Love, T. (1993). *Object Lessons*. SIGS Books. New York.

Martin, J. und J. Odell (1992). *Object-Oriented Analysis and Design*. Prentice Hall. Englewood Cliffs, New Jersey.

Martin, J. und J. Odell (1995). *Object-Oriented Methods: A Foundation*. Prentice Hall. Englewood Cliffs, New Jersey.

Meyer, B. (1989). 'From Structured Programming to Object-Oriented Design: The Road to Eiffel'. *Structured Programming* **10**(1), 19 – 39.

Meyer, B. (1990). *Objektorientierte Softwareentwicklung*. Hanser Verlag. München, Wien.

Nassi, I. und B. Shneiderman (1973). 'Flowchart Techniques for Structured Programming'. *ACM SIGPLAN Notices* 8(8), 12–26.

Object Design (1995). *ObjectStore Release 4.0 for all platforms*. Burlington. Massachusetts.

OMG (1994). *Object Analysis and Design – Description of Methods*. John Wiley & Sons. New York.

OMG (1995a). *The Common Object Request Broker: Architecture and Specification, Revision 2.0*. The Object Management Group. Framingham, Massachusetts.

OMG (1995b). *CORBAservices: Common Object Services Specification*. The Object Management Group. Framingham, Massachusetts.

OMG (1995c). *Object Management Architecture Guide, Revision 3.0.*
John Wiley & Sons. New York.

Page-Jones, M. (1988). *The Practical Guide to Structured Systems De-sign.* 2nd edn. Yourdon Press. Englewood Cliffs, New Jersey.

Page-Jones, M. (1991). *Praktisches DV-Projektmanagement.* Hanser.
München, Wien.

Paulisch, F. (1994). 'Fallstudien der Objekttechnologie'. *Vortragsma-nuskript, Software DevCon'94, Wiesbaden.*

Plum, T. und D. Saks (1991). *C++ Programming Guidelines.* Plum Hall.

Riewerts, H.-C. (1991). *Methodenverbund in der Analysephase: eine Einführung für Systemanalytiker und Software-Ingenieure.* Expert-Verlag. Ehningen.

Rumbaugh, J. (1992). 'Derived information'. *Journal of Object-Oriented Programming* S. 57–61.

Rumbaugh, J. (1995). 'OMT: The dynamic model'. *Journal of Object-Oriented Programming* 8(1), 6–12.

Rumbaugh, J., M. Blaha, W. Premerlani, F. Eddy und W. Loren-sen (1991). *Object-Oriented Modeling and Design.* Prentice-Hall.
Englewood Cliffs, New Jersey.

Rundshagen, M. (1993). Phasenmodelle zur Beschreibung von ob-jektorientierten Softwarelebenszyklen. Diskussionspapier 1-93.
Lehrstuhl für Wirtschaftsinformatik III Universität Mannheim.

Rundshagen, M. (1995). *Computergestützte Konsistenzsicherung in der objektorientierten Systemanalyse.* Physica-Verlag. Heidelberg.

Schader, M. (1996). *Design der Task-Managementkomponente.* Teil 4
des Vorlesungsmanuskripts „Objektorientiertes Design". Univer-sität Mannheim.

Schader, M. und M. Rundshagen (1993). Ein Vergleich objektorien-tierter Analysemethoden. In J. Niedereichholz und W. Schuh-mann (Hrsg.). 'Wirtschaftsinformatik – Beiträge zur modernen Unternehmensführung'. Campus. Frankfurt. S. 218–239.

Schader, M. und S. Kuhlins (1995). *Programmieren in C++ (3. Aufl.).* Springer-Verlag. Berlin u.a.

Shlaer, S. und S. Mellor (1988). *Object-Oriented Systems Analysis, Modeling the World in Data.* Yourdon Press. Englewood Cliffs, New Jersey.

Shlaer, S. und S. Mellor (1992). *Object Lifecycles, Modeling the World in States.* Yourdon Press. Englewood Cliffs, New Jersey.

Shlaer, S., S. Mellor und W. Hywari (1991). OODLE a language-independent notation for object-oriented design. In R. Wiener (Hrsg.). 'Journal of Object-Oriented Programming – Focus on Analysis & Design'. SIGS Publications. Colorado Springs. S. 98–106.

Shneiderman, B. (1992). *Designing the User Interface – Strategies for Effective Human-Computer Interaction.* 2nd edn. Addison-Wesley. Reading, Massachusetts.

Sommerville, I. (1992). *Software Engineering.* 4th edn. Addison-Wesley. Wokingham, England u.a.

Soukup, J. (1994). *Taming C++: Pattern Classes and Persistence for Large Projects.* Addison-Wesley. Reading, Massachusetts u.a.

Stevens, W. (1992). *Advanced Programming in the UNIX Environment.* Addison-Wesley. Reading, Massachusetts u.a.

Sun Microsystems (1990). *OPEN LOOK^{TM} Graphical User Interface Application Style Guidelines.* Addison-Wesley. Reading, Massachusetts.

Taylor, D. (1992). *Object-Oriented Information Systems.* John Wiley. New York u.a.

Taylor, D. (1993). 'Finding good objects'. *Object Magazine* **3**, 16–18.

Watson, M. (1995). *Portable GUI Development with C++.* 2nd edn. McGraw-Hill. New York u.a.

Weinand, A. (1992). *Objektorientierte Architektur für grafische Benutzungsoberflächen.* Springer-Verlag. Berlin u.a.

Wilkie, G. (1993). *Object-Oriented Software Engineering*. Addison-Wesley. Wokingham, England u.a.

Wirfs-Brock, R. und B. Wilkerson (1989). 'Object-Oriented Design: A Responsibility-Driven Approach'. *OOPSLA '89 Proceedings* S. 71–75.

Wirfs-Brock, R., B. Wilkerson und L. Wiener (1990). *Designing Object-Oriented Software*. Prentice Hall. Englewood Cliffs, New Jersey.

XVT Software (1993). *XVT-Design++*. Boulder, Colorado.

Yourdon, E. (1989). *Modern Structured Analysis*. Yourdon Press. Englewood Cliffs, New Jersey.

Yourdon, E. (1993). *Die westliche Programmierkunst am Scheideweg*. Hanser. München, Wien.

Yourdon, E. (1994). *Object-Oriented Systems Design: An Integrated Approach*. Prentice-Hall. Englewood Cliffs, New Jersey.

Yourdon, E. und L. Constantine (1979). *Structured Design, Fundamentals of a Discipline of Computer Program and Systems Design*. Yourdon Press. Englewood Cliffs, New Jersey.

Yourdon, E., K. Whitehead, J. Thomann, K. Oppel und P. Nevermann (1995). *Mainstream Objects: An Analysis and Design Approach for Business*. Yourdon Press. Upper Saddle River, New Jersey.

Index

H. Österle

Business Engineering.
Prozeß- und Systementwicklung

Band 1: Entwurfstechniken

2. verb. Aufl. 1995. XVI, 375 S. 193 Abb. Brosch.

DM 49,80; öS 363,60; sFr 49,80 ISBN 3-540-60048-5

Business Engineering liefert Modelle und Techniken zur Transformation der Unternehmen. Es zeigt, welche Chancen die Informationstechnik eröffnet und wie ein Unternehmen diese Chancen in effektive und effiziente Abläufe umsetzt. Der Prozeß als neues Modell der Organisation verbindet die Geschäftsstrategie mit dem Informationssystem und wird so zur Drehscheibe neuer unternehmerischer Lösungen.

H. Österle, C. Brenner, C. Gaßner, T. Gutzwiller, T. Hess

Business Engineering.
Prozeß- und Systementwicklung

Band 2: Fallbeispiel

2. Aufl. 1996. XII, 174 S. 70 Abb. Brosch. **DM 32,80**; öS 255,90 sFr 32,80 ISBN 3-540-60694-7

H. Österle

Business Engineering [VIDEO]
Prozeß- und Systementwicklung

1995. VHS-Video mit Spielszenen, Schaubildern, Interviews und Kommentaren, Animation und Trick. Laufzeit: 26'11". **DM 85,-*** ISBN 3-540-92627-5

* Unverbindliche Preisempfehlung zzgl. 15% MwSt.
In anderen EU-Ländern zzgl. landesüblicher MwSt.

In enger Zusammenarbeit mit deutschen und schweizerischen Unternehmen erstellt, sind Probleme und der Stand der Praxis in Lösungen umgesetzt. Sehr verständlich und anschaulich aufbereitet, führt das Video in das komplexe Themengebiet des Business Engineering ein. Die Grundbegriffe werden anhand praktischer Beispiele dargestellt.

A.-W. Scheer

Wirtschaftsinformatik.
Studienausgabe

Referenzmodelle für industrielle Geschäftsprozesse

1995. XX, 780 S., 559 Abb. Brosch. **DM 75,-**; öS 547,50; sFr 72,- ISBN 3-540-60046-9

Vom Vorstandsbeschluß bis zur praktischen Reorganisation von Geschäftsprozessen ist es ein langer Weg. Zur konkreten Umsetzung neuer Organisationskonzepte durch Einsatz der Informationsverarbeitung gibt dieses Buch dem Studenten, Anwender und Wissenschaftler wertvolle Hilfestellungen. Insgesamt wird ein umfassendes Unternehmensmodell entwickelt, das dem Geschäftsprozeßeigner als Referenzmodell für seine konkreten Anwendungen im Industriebetrieb dient.

R. Gabriel, H.-P. Röhrs

Datenbanksysteme

Konzeptionelle Datenmodellierung und Datenbankarchitekturen

2., verb. Aufl. 1995. XVI, 366 S. 134 Abb. (Springer-Lehrbuch) Brosch. **DM 55,-**; öS 401,50; sFr 53,- ISBN 3-540-60079-5

Dieses Lehrbuch gibt einen überblick zur systematischen Vorgehensweise beim Aufbau eines Datenbanksystems, der Informationsstrukturierung und der konzeptionellen Datenmodellierung und vermittelt dem Leser die wichtigsten Grundlagen zu dem Gebiet. Übungsaufgaben und Lösungen runden den angebotenen Stoff ab.

■ ■ ■ ■ ■ ■ ■ ■ ■ ■ ■

Springer

P. Stahlknecht

Einführung in die Wirtschaftsinformatik

7., vollst. überarb. u. erw. Aufl. 1995. XIII, 567 S. 178 Abb.
(Springer-Lehrbuch) Brosch. **DM 34,-**; öS 248,20; sFr 34,-
ISBN 3-540-59101-X

Dieses Standardwerk vermittelt eine anwendungsbezogene
Einführung in das Gesamtgebiet mit zahlreichen Beispielen
aus der betrieblichen Praxis.

P. Stahlknecht

Arbeitsbuch Wirtschaftsinformatik

Unter Mitarbeit von **W. Appelfeller, A. Drasdo, H. Meier, S. Nieland**

1991. X, 296 S. 82 Abb. (Springer-Lehrbuch) Brosch.
DM 25,-; öS 195,-; sFr 25,- ISBN 3-540-53805-4

P. Mertens, F. Bodendorf, W. König, A. Picot, M. Schumann

Grundzüge der Wirtschaftsinformatik

3., verb. Aufl. 1995. XII, 213 S. 71 Abb.
(Springer-Lehrbuch) Brosch. **DM 22,-**; öS 171,60; sFr 22,-
ISBN 3-540-58873-6

Dies ist eine kompakte und verständliche Darstellung des
zunehmend an Bedeutung gewinnenden Gebietes Wirtschaftsinformatik. Sie ist konsequent an integrierten
Anwendungssystemen orientiert und unterstützt Lehrveranstaltungen zur Wirtschaftsinformatik in unterschiedlichen Ebenen des Bildungssystems. Ein Muß für alle
Studenten der Wirtschaftswissenschaften und für Praktiker.

W. Brenner

Grundzüge des Informationsmanagements

1994. XIV, 333 S. 92 Abb. (Springer-Lehrbuch) Brosch.
DM 45,-; öS 351,-; sFr 45,- ISBN 3-540-58517-6

Informationsmanagement ist ein wichtiger Bestandteil der
Unternehmensführung und dafür verantwortlich, daß die
Potentiale der Informationstechnik erkannt und in betrieb-
liche Lösungen umgesetzt werden. Dieses leicht verständlich
geschriebene Buch liefert eine Einführung in das an
Bedeutung gewinnende Gebiet.

R. Vetschera

Informationssysteme der Unternehmensführung

1995. X, 265 S., 76 Abb., 3 Tab. (Springer-Lehrbuch)
Brosch. **DM 39,80**; öS 310,50; sFr 39,80
ISBN 3-540-59074-9

Informationssysteme zur Unterstützung der Unternehmensführung gewinnen zunehmend an Relevanz.
Vetschera liefert mit diesem Buch eine fundierte Einführung und verbindet informationstechnische und
betriebswirtschaftliche Aspekte, die zum Verständnis
notwendig sind.

M. Schumann, H. Schüle, U. Schumann

Entwicklung von Anwendungssystemen

Grundzüge eines werkzeuggestützten Vorgehens

1994. IX, 222 S. 117 Abb. (Springer-Lehrbuch)
Brosch. DM 32,80; öS 255,90; sFr 32,80
ISBN 3-540-57989-3

Dieses Buch unterstützt Lehrveranstaltungen der
Wirtschaftsinformatik und präsentiert kompakt und
präzise grundlegende Vorgehensweisen und Methoden
zur Entwicklung von Systemen der computergestützten
Informationsverarbeitung im Betrieb.

M. Schader, S. Kuhlins

Programmieren in C++

3., überarb. u. erw. Aufl. 1995. XI, 361 S. 29 Abb.
(Objekttechnologie) Brosch. **DM 45,-**; öS 351,-;
sFr 45,- ISBN 3-540-59037-4

Springer

Druck: Saladruck, Berlin
Verarbeitung: Buchbinderei Lüderitz & Bauer, Berlin